講談で知る宮城の人物

講談の道具

（釈台と右から張り扇、白扇、手拭い）

まえがき

アマチュア講談師の村田琴之介と申します。

以前に比べますと、「講談」という言葉をテレビやラジオから耳にしたり、新聞で目にしたりすることも多くなり、愛好者としては喜ばしい次第です。それでも「講談やってます」と言うと、「コウダンって何ですか」と聞かれることもまだまだ多く、もっと講談の面白さを知っていただきたいと思い、この本の出版を思い立ちました。

さて「講談とは何か」と聞かれたとき、講談師がよく語るのが「見てきたような嘘をつき」という言葉です。講談と似たものに落語があるのですが、講談と落語の大きな違いの一つは、講談は歴史の一場面を語り聞かせるというところです。歴史はあくまでも確かな資料をもとに語られるものですから、興味のない方には事象の羅列になってしまい退屈極まりないものになってしまいます。そこを講談は本当に見てきたように、その人の服装や表情、さらには心情をも語るわけです。当然そこにはフィクションが加わってきます。そのため歴史を重んじる方からは嘘つきよばわりされてしまうわけですが、本当の事実なんて誰も知らないのです。「君ちょっとそれ違うんじゃない」と目くじら立てずに、講談師の作り出した臨場感あふれる歴史の一場面を楽しんでもらいたいと思います。

また講談は、「講談を聞くとためになる」なんていう言い方もございます。この『講談で知る宮城の人物』を通して、小・中学校の道徳の授業で取り上げられることも多い宮城県ゆかりの人物について、若い世代に新たな視点で興味を持っていただければ嬉しい限りです。各編の後に、その人物に関わる史跡や文物の紹介の記事を載せています。この本を読んだことがきっかけとなって、その人物について「もっと知ってみたい」「講談ではこう言っていたけど本当はどうなんだろう」と次のステップへ進むことを期待いたします。

また、『人生の金メダル神永昭夫』の講談をCDとしてお付けしましたので、実際の語りを通して、活字を読んだだけではわからない講談の魅力を味わってください。

さあ、それでは宮城県ゆかりの人物十人について、その生きざまを講談でお楽しみください。

二〇二一年十二月

村田琴之介

目次

一、人生の金メダル　神永昭夫

一九六四年、東京オリンピック閉会式当日、東京丸の内にある富士製鉄（後の新日鉄住金、現日本製鉄）本社営業部に一人の男が出社した。男の名は神永昭夫。前日、そのオリンピック柔道無差別級でオランダのヘーシンクに敗れ、金メダルを逃した男。日本柔道界の期待を一身に背負って戦い敗れた。彼は泣かなかった。彼は翌日、一会社員に戻り、デスクについた。何が彼をそうさせたのか。伝説となったヘーシンクとの九分二十二秒のドラマは今、新たな輝きを帯びる。

一九六四年十月二十四日、東京丸の内にある富士製鉄本社営業部第三課に大きな声が響いた。

「おはようございます」

課長の野島以下、部屋にいた全員が目を点にした。

「神永君、どうして、どうして君はここに」

「課長、どうしてはないでしょう。私はここの営業部員ですよ」

「だってだって君は君は、きのう」

「だってもありませんよ。きのうはきのう。今日は今日。きのうまで皆さんに迷惑かけどおしだったじゃないですか。今日からは、元の富士製鉄本社営業部の神永です。あらためてよろしくお願いします」と身長一メートル七十九センチ、体重百キロの巨体を折り曲げた。この時、登場した男こそ、あの一九六四年東京オリンピックの柔道無差別級で、オランダのヘーシンクに敗れ、銀メダルとなった神永昭夫である。

何と神永はヘーシンクに破れた翌日、駅売りの新聞に、「神永敗れる」「柔道日本敗れる」「本家柔道の落日」とセンセーショナルな見出しが躍る中、その記事を読む人たちと一緒に電車に乗り、出勤したのである。

後に神永は、「全力を尽くして戦った。それで負けたのだから悔いはなかった。翌朝起きたときはすがすがしく、出勤するのが自然であると思われた」と語っている。

神永昭夫。生まれは昭和十一年十二月二十二日。父雪《ゆき》、母千代の四男として仙台市に生まれた。取り上げた産婆さんが「ころころ太って色白で、笹の葉にくるんだ餅みてえなわらしだ」と語ったそうだ。

父雪は大の相撲好き。フンドシを作り、座敷で息子たちに相撲を取らせながら一杯やるのが楽しみ。兄たちに負けても、泣きながらまたかかっていく昭夫をことのほかかわいがった。

そんな神永であったが、柔道を本格的に始めたのは遅く、地元、東北高校に入学してからである。

しかし神永が入学した頃の東北高校柔道部は指導者もなく、力自慢が自己流に組み合っているだけの愛好会的存在。そこで神永は仲間に誘われ、警察署や刑務所の道場、さらには東北柔道専門学校に出稽古に通うようになる。そこで宮城柔道界の三羽がらすと言われた東北高校の先輩垂石孝三や東北柔道専門学校の指南である宮川周三に、時には鉄拳をふるわれながら技術と根性をたたきこまれた。神永はその指導によく応え、早朝マラソン、神社の石段のウサギ跳び、背中に人を乗せての腕立て伏せとお馴染み昭和のトレーニングを重ねて、背丈はあったが痩せていた体に肉がつき、目を見張るように強くなっていく。そうして、高校三年の六月、ついに県の個人戦優勝を手にし、神永は大いに自信をつけた。

その神永に東北柔道専門学校の師範桐原知譲《ともよし》が声をかけた。

「どうだ、神永。井の中の蛙ではいけない。講道館で行われる月次《つきなみ》試合に参加してみないか」

【指南】教え導くことや人

「コードーカン。何ですか。オオタドーカンなら知ってますがね」

「おまえ柔道をやっていて講道館も知らなかったのか。柔道の神様嘉納《かのう》治五郎《じごろう》先生が開いた柔道の総本山だ。そこで月次試合と言って、毎月全国の猛者《もさ》どもが集まって紅白試合を行っている。初段同士の試合だが、田舎の初段とは訳が違うぞ」

負けん気の強い神永、

「先生、やります、やります。田舎初段でも通用するところを見せてやります」とやる気満々。

そう言ってはみたものの、桐原に付き添われて講道館の玄関に足を踏み入れた神永、一瞬足がすくみそうになった。

千畳の広さがあるかと思われる大道場に、出番を待っている全国えりすぐりの猛者たち、その数百二十。正面には三代目館長嘉納履正《りせい》初め講道館のお歴々、今や遅しと居並んだり。その眼光の鋭さは人か鬼かと思われる。

紅白に分かれた猛者連中、次々と名前を呼ばれて組み合っていく。さすがは全国から集まった男たち。実力伯仲、手に汗を握る試合ばかり。誰もが自分より強く見える。

「東北高校、神永選手、前に」

「オッス」と気合いを入れて立ち上がれば、すでに相手への気後れは消し飛

【オオタドーカン】室町中期の関東地方の武将、太田道灌のこと

んだ。頭にあるのは相手を倒すことだけ。

ところが勝っても勝っても息つく暇無く次の相手が登場する。真《ま》っ向《こう》跳ね腰、大外刈り。あるいは内股、巴投げ。一本背負いに山嵐、四方固めに三角絞めとばったばったと打ち負かす。

場内は無名の高校生の出現に驚き、ざわめいた。十八、十一人、十二人。超人的な記録破りが続く。神永はかすむ目を見開き、力を振り絞って攻め続けた。そうしてついに迎えた二十人目。さすがの神永も体力の限界。ついに引き分け。ふらつく足を踏ん張り一礼すると、会場はどっと沸き立つ拍手喝采。「すごいぞすごいぞ」のざわめきは、講道館の窓から溢れ出し、春日通りを突き抜け、上野の森に響き、その声に驚いた動物園の獣たちは皆、小屋の中に逃げ隠れたという。

これが伝説となった神永の十九人抜きである。この後、神永は大異例の二階級特進と相なり、講道館館長から直々に三段の免状と新品の柔道着を手渡され、「今後も柔《やわら》の道励むべし」のお言葉を頂戴したという。

十七歳八か月の神永昭夫。その感激はいかばかりであったろうか。

しかし、その感激はつかの間であった。

翌日、桐原に伴われて訪れた明治大学の柔道部の稽古。そこで神永は大学生に立っていられないほど軽々と投げられてしまう。呆然とする神永。


【跳ね腰〜三角絞め】

いずれも柔道の技の名

「上には上がいるもんだ。もっと強くなりたい。ぜひこの大学で腕を磨きたい」と闘志を掻《か》きたてた。

　後に神永は「勝負はいつも負けから始まる。自分の弱さを知ったときから技の工夫が始まるんだ」と後進たちに負けることの大切さを語っているが、それはこの時の体験から学んだものだ。

　大学を志したものの、神永は九人兄弟の六番目。両親に学費のことで迷惑はかけられない。神永は入学後、孤児を世話する寮に住み込み、そこで彼らの世話をしながら練習と学業を両立させた。そのためわずかな時間も無駄にしないように、電車の中ではつり革につかまらずつま先立ちをしたり、電車を待つ間には、ホームでスクワットをしたりして足腰を鍛えた。その甲斐あって全日本学生柔道選手権では個人・団体の両方で二度の優勝。そんな神永には卒業時には各所から誘いがあったが、神永は一般企業である富士製鉄（後の新日鉄住金、現日本製鉄）に入社した。これは尊敬する先輩の誘いがあったことも理由の一つであるが、何よりも「柔道だけでなく社会人としても一人前の人間でありたい」という彼の信念があえてスポーツ選手を特別扱いしない厳しい職場を選ばせたのである。

　入社翌年、いよいよ東京へのオリンピック招致も決まり、代表強化選手に指名された後も、彼は誰よりも早く出社して、仕事をきちんと終えてから練習に取り組んだと言う。

そうして迎えた東京オリンピック。

この大会から正式種目となった柔道には、国民の期待は大きかった。柔道の本家日本として、四階級全てで金メダルをとることが至上命令となった。しかし、そこに立ちはだかる男がいた。男の名はオランダのヘーシンク。身長二メートルの巨漢。日本の柔道家道上伯《みちがみはく》に才能を見いだされ、柔道の技と心を徹底的に鍛えられた。三年前の世界選手権では、ヘーシンクが神永ら日本人選手を次々破って優勝している。

このとき日本のコーチ団では、誰をヘーシンクの出場する無差別級にエントリーするのか連日協議された。候補は二人、神猪《かみいの》時代と称され、ここ数年、覇を競ってきた神永と猪熊功《いのくまいさお》である。無差別級からはずれた方が重量級にエントリーされる。重量級はこれと言った強敵はなく、日本人選手の金メダルが確実視されている。選ばれた方がヘーシンクという怪物を前にして「負けられない」という重荷を背負うことになるのである。日本で初めて開催されるオリンピック。誰もがそこで金メダルを取りたい。

会議はもめにもめた。

「どちらにしようか」

「力は互角。アミダクジではどうか」

「それではアミダクジではなくアンマリダクジになりますよ」

「ならば名前で決めたら良いのでは、猪や熊より神様が強いのでは」

「そんな理由では決められません。負けたら腹を切れなどというやつが出てきますよ」

「それならばやはり神永だ。彼はいつも『勝負は負けから始まる』と言っている。彼ならば、たとえ負けても、それをバネに大きな人間になるだろう。彼にかけよう」

　そうして無差別級に決まったことを告げられた神永、一言、「そうですか。わかりました」と答えたそうだが、その心中どのようなものであったろうか。その時神永は左膝の靭帯を痛めていたことはおくびにも出さなかった。

　ついにその日を迎えた。昭和三十九年十月二十三日。オリンピック競技最終日。あれほど連日晴れ渡っていた空も朝から雨が混じる。それが涙雨になろうとは国民の誰が予想しただろうか。

　午後三時四十分。法隆寺夢殿をモデルにした日本武道館の八角形の屋根の天井から、まぶしい照明が青々とした畳の上に降り注ぐ。ぎっしりつめかけた一万五千の大観衆は不気味に静まりかえっている。「ドーンドーン」とふれ太鼓が響き渡った。

　先に現れし男アントン・ヘーシンク。身の丈二メートル。目方は百二十キ

【靭帯】骨格を連結する結合組織

【おくびにも出さない】心中を隠し、それらしい素振りを見せない

【ふれ太鼓】知らせに打つ太鼓

ロ。首は長く太く、肌は熟れたる桃のごとくピンクに染まり、はやる若駒のごとく畳の上に駆け上がった。遅れて上がりしは神永昭夫。身の丈一メートル七十九センチ、目方は百キロ。日本人の中では抜きんでた体躯《たいく》の彼も、ヘーシンクの前では子どものごとし。しかし胸をそらし肩を張った堂々とした姿には、いかなる強敵も恐れぬ、強い気力がみなぎっていた。

「はじめっ」の声と同時に、「神永がんばれー」と言う声と新聞記者のフラッシュが無数に飛び交った。

予選ですでにヘーシンクに一敗している神永、ヘーシンクの強さをいやというほど思い知らされた。三年前の世界選手権では負けはしたが、あの時はまだ相手に弱点もあった。今度は勝てると思っていた。ところがどうだろうか、秘策として練習してきた体落としが全く通じない。相手は岩のごとくびくともしない。「これは勝てぬかもしれぬ」と不安がよぎる。

しかし、神永は攻めた。伝家の宝刀大外刈り。ヘーシンク場外に逃れ、組み直し。

一進一退の攻防は八分四十秒続いた。敗者復活戦から勝ち上がり、余力のない神永の一瞬の焦りをヘーシンクは見逃さなかった。体勢が崩れたところを手で神永の足を払い、そのまま寝技で抑《おさ》え込む。必死にもがく神永。日本武道館に響く悲鳴。十秒、二十秒、三十秒。開始から九分二十二秒。非情な

【体落とし】柔道の技の一つ

【伝家の宝刀】とっておきの方法・手段

「一本《いっぽん》」の声。

その時であった。

オランダ選手団が喜びの余り、畳の上に靴を履いたまま駆け上がろうとするのを、まだ神永の上にあったヘーシンクが右手をかざして制止した。そのとき日本人は、ヘーシンクが本物の柔道家であることを思い知った。

沈黙が館内を包む。後ろに下がり、帯を直し、まっすぐに向き合い礼をする神永。涙も流さず、うつむくこともせず。

そうして神永は、ヘーシンクの元に歩み寄り手をさしのべた。

その時であった。会場に大きな拍手がわき起こった。それは勝ち負けに対する拍手ではなかった。世紀を決する死闘のすぐ後に見せた、真の柔道家同士の立ち居振る舞いの美しさに対しての拍手であった。

「勝つことだけが柔道ではない。まず礼節ありき」を信念にこの道を精進《しょうじん》した神永昭夫。

現役を引退してからも、明治大学柔道部監督や日本柔道連盟初代専務理事、さらには日本代表の総監督を歴任した。この間、モントリオールオリンピック金メダリスト上村春樹や、バルセロナオリンピック金メダリスト吉田秀彦、古賀稔彦《としひこ》ら多くの後進を育て上げた。

またその一方「社会人として一人前の人間でありたい」の言葉どおり、柔

【精進】精神を打ち込んで努力すること

道と一会社員の仕事を両立させ、新日鉄ではガスパイプライン部長などを経て、参与として大企業を支えた。

このように人生を全力で走り続けた神永であったが、病魔には勝てず、平成五年三月、直腸ガンのため五十六歳の生涯を終えた。

文武両道と言うのはたやすいことであるが、単に二つの面で成績が良いとか成果があったというのではなく、柔道人として王道を歩み、企業人として責任ある仕事をこなした神永昭夫。そのような多忙な身でも、両親への時候の挨拶の手紙をかかさなかった神永昭夫。後輩たちにとっては雲の上の存在であったにもかかわらず、気軽に声をかけ、酒を勧め、宴席入り口のスリッパが乱れているときは一つ一つきれいに並べ直したという神永昭夫。

我々は、再び東京にオリンピックを迎えた今、彼の胸に「本物の金メダル」が輝いているのがまざまざと見える。

それは誰の金メダルよりも神々しい人生の金メダルであった。

これにて一席読み終わりといたします。

【参与】会社などで、相談にあずかり運営に協力する役職

もっと知ろう「神永昭夫」

神永とヘーシンクの当日の試合の様子は、今も見ることができます。各新聞社のアーカイブなどから、当時のニュース映像を検索してみてください。畳の上にオランダの選手団が駆け上がろうとしたとき、ヘーシンクが手で制する様子も映っています。

神永の実家は仙台市青葉区の東照宮のそば。高校時代の神永も、きっとこの東照宮の階段で、トレーニングを積んだことと思います。

また一九六四年東京オリンピックを題材にした講談としては、田辺一鶴の『東京オリンピック入場行進』という伝説的な名作があります。弟子であった田辺鶴遊が現在も高座にかけることがありますので、機会があれば是非お聞きいただきたい一席です。

（講道館入口）

二、谷風梶之助出世の誉れ

江戸寛政年間、第四代横綱として無敵の力と人気を誇った仙台出身の谷風梶之助。彼を主人公にした講談は数多くあるが、横綱になる前の話は伝わっていない。その谷風の幼年時代を講談師宝井琴星が『谷風幼年時代』と題して創作した。それに地元の人間ならではのローカル色を付け加え、書き換えたのがこの『出世の誉れ』。「講釈師見てきたような嘘をつき」という講談の笑いの世界をたっぷりとご笑覧あれ。

寛政元年に第四代横綱となり、寛政の相撲黄金時代を築きました谷風梶之助。初土俵からの生涯成績は二五八勝一四敗、勝率九割四分八厘という実にすばらしいものでございました。現在、仙台市の勾当台公園《こうとうだいこうえん》に等身大の谷風の銅像が建っていますが、伝え聞く話では、餅のように白い肌。目は切れ長で、耳がふっくら垂れ、まるで白い象のようだったと申します。

【寛政元年】西暦一七八九年

生まれましたのは寛延三年八月八日、宮城郡《ごおり》七郷村霞の目。現在の仙台市若林区霞目《かすみのめ》。この霞目の谷風生家跡の側に浪分神社《なみわけ》という小さな社が建っています。昔はこの近くまで海岸線が来ていたから「浪分け」というのだと考えている人もおりました。が、あの東日本大震災で押し寄せた津波は、海岸から二キロ離れた仙台東部道路まで押し寄せてきました。この道路は周辺より七メートルほど高い、盛土構造の自動車専用道路です。つまりこの道路が堤防の役割を果たしたのであります。と言うことは、もしこの道路がなかったら、津波はもっと奥まで押し寄せていた。そうです、現在海岸から直線で三キロほど離れた場所に建っている浪分神社は、昔、津波が押し寄せ、ここで浪が引いていった場所を示すものだったのです。我々は、昔の人の残した物や言葉をもっと大事にしていかねばと改めて思った次第です。

さて、霞目で生まれました谷風、幼名を与四郎《よしろう》と申しました。赤子の時から大変な怪力で、おっかさんが畑仕事をする間、台所の石臼《いしうす》に帯でつないでおいたところ、「おっかあ、おっかあ」と石臼をずるずると引きずって這《は》い出してくる。慌てて家の柱につなぐと、今度は家ごとずるずるずる。昭和の名力士、人間起重機と言われました明武谷《みょうぶだに》も真っ青。

この与四郎が十歳になりました時は、すでに身の丈五尺以上。現在で言えば百五十センチ以上。最近の小学生ではこのくらいの背丈の子どもがいても

【寛延三年】
西暦一七五〇年

【明武谷】
昭和三十年代活躍した長身の力士。つりを得意技とした

珍しくないのでしょうが、当時の男性の平均身長は百五十センチ半ば。天下の政宗も百五十七センチだったそうでございますから、十歳で大人と同じくらい。百姓の子どもだけれども、色白でおっとりしていて畑仕事が大っ嫌い。

「与四郎、一緒に畑さあべ」と父親が言っても、

「おら畑《はだげ》仕事やんだ」とにこにこしているばかり。

「なにほでなす語ってんだ。ごっせばらやげっごだあ」。江戸であれば「何おたんこなす言ってんだ。腹立つ」。大阪であれば「何やぼけなす言うてはる。むかつくわ」というのでしょうか。それにしても「ほでなす、おたんこなす、ぼけなす」。どうしてなすは嫌われるのでしょうか。私、なす焼き大好き。熱々のなす焼きに刻みしょうがのせてお醤油ちょっとかけ、ビールをぐい。いいですよねえ。

「なにほでなす語ってんだ。百姓の倅《せがれ》が百姓せねでなづする」

「おら百姓しねでも、いまに米俵いっぺ積み重ねでみせっから」

「たまげだごと語っごと。いづこのまにかそんなうそこ語りかだるようになったんだべ」

「うそこ語りでね。おら力は誰さも負げね、今にいっぺ稼いでみせっから」

と、何を言われても、にこにこしているばかり。

　そんなある日、ご城下に出て参りますと、大変な人だかり。

【あべ】「行こう」の仙台方言

【なづする】「どうする」の仙台方言

【たまげだ】「驚いた」の仙台地方などで用いられる方言

「あぶね、あぶね、わー」と人々逃げまどう様子。

「ごめんよ、ごめんよ」と与四郎が人混みを分け入ってのぞいて見ると、大きな牛が二頭、赤べこと黒べこが角突き合わせて喧嘩をしている。

ここからは講談師村田琴之介が仙台城下に降りたって実況中継でお伝えいたします。

「トザイトーザイ。さあさあ見てらっしゃい、見てらっしゃい。仙台牛《ぎゅう》場所、結びの一番。ひがーしー、吉野屋部屋赤べこ牛《ぎゅう》の丼兵衛《どんべい》、にーしー、松屋部屋黒べこ牛《ぎゅう》スキー。牛丼が勝つか牛すきが勝つか、どちらがうまいかしょっぱいか。勝負勝負」

赤べこ牛の丼兵衛「もーもーもーーー」と激しく鳴きたてる。「んもーんももももー」と黒べこ牛スキーも鳴き返す。同時通訳いたします。

「赤べこ牛の丼兵衛、『おらあネギ運んでる途中だ、ちょうどいい、白滝《しらたき》買ってきて、おめえなんかスキヤキにしてやるぞ』と言っております。それに対して黒べこ牛スキー、『おれはタマネギしょってんだ。おめえなんか二百八十円の牛丼だ』と言ってます」

講談師ともなりますと、牛の言葉もかように分かるようになるのでございます。

周囲の連中も、「黒べこの方が霜降りでうまそうだなあ」「いやいや赤べこ

【トザイトーザイ】興行などで、口上の初めに客の注目を集めるために言う言葉

の方が身が締まってうまそうだ」とワイのワイ。

しばしにらみ合った二頭、真正面からガツーンとぶつかった。ところが名前が悪かった牛スキー。下手なスキーで、足をすべらせ体勢をくずしたところへ赤べこ丼兵衛、牛ドーンとぶつかったからたまらない。ごろごろごろところがっていき、すきやき百人分ができあがった。

ところが勝った丼兵衛、目が悪い。敵はどこへ行ったかとあたりをキョロキョロ。何をどう見間違えたのか人だかりに向かって角《つの》突き立てて突っこんでくる。

「わー逃げろー」人々蜘蛛の子を散らす。一人逃げ遅れた子どもが「おかあちゃんー」と泣き叫ぶ。「早く早く」と周りが叫ぶが、腰が抜けて動けない。赤いおべべがいけなかった。牛《ぎゅう》の丼兵衛、猪突猛進ならぬ牛突猛進。

「すーうわや」その時前に立ちはだかったのが、与四郎。この時、年は十二歳。すでに身の丈五尺三寸、目方は、二十二貫の大丈夫《だいじょうぶ》。肌はつきたる餅に等しく、眼《まなこ》は明星《みょうじょう》の光をあらわし、尻はあくまででっぱり、天晴《あっぱ》れ、勇者と見えたり。

赤べこ牛の丼兵衛、新たな敵に足を止め、足場をならす。

与四郎も腰を低くしてぐっと構える。

「両者見合って見合って、はっけよーい残った」

【べべ】
幼児語で着物
【すーうわや】
突然の出来事に驚いて発する声
【二十二貫】
約八十二キログラム
【大丈夫】
立派な男子

赤べこ丼兵衛、角ふりかざし突っ込んでくる。丁々発止《ちょうちょうはっし》丁発止《ちょうはっし》、虚《きょ》と見せては実《じつ》と変わり、実と見せては虚と変わる。誠変化《まことへんげ》の早業は水に映れる月影の浪にうねうねうねりに似たり。二匹連なる唐獅子《からじし》が牡丹に狂う風情にて劣らじ負けじの死力の勇戦。

あわやと思われましたが、与四郎、その鼻っ面に「ターン」と張り手を食らわした。これが本当の仙台名物、牛《ぎゅう》ターン。赤べこひるんだところを角つかんでごろりと転がす。

「勝負あり、霞目の与四郎の勝ちー」

見ていた人々、すぐに牛丼ができあがると思い、「大盛り一丁」「こっちも大盛り」、「おれは特盛りで」と注文が殺到。

盛り上がっているところではありますが、現場からの実況中継はこれにて終了いたします。

さて、悠々と立ち去ろうとした与四郎に一人の男が声をかけた。与四郎が振り返ると、見上げるような大男。縦と横の幅が同じくらい、まるでぶあつい壁のよう。

「あれまあ、今度はべこっこ、人の姿してあらわれたんだべか。だけどもこのべご、着物ばちゃんと着ている。やっぱべこっこじゃねえなあ」とつぶやいておりますと、

【丁々発止】
激しく渡り合う様

【水に映れる～似たり】
同じ形が留まらない様を表す講談の常套表現

【二匹連なる～風情】
狂喜乱舞する様を表す講談の常套表現

【べこっこ】
牛をさす東北地方方言

「当たり前じゃ、どこに着物を着てるいるべごがいるか」と頭の上から銅鑼《どら》のような声。上からものを言われるなど初めての経験でびっくりしておりますと、

「わしは仙台様のところに興業に来ている江戸相撲の力士、関《せき》の戸《と》住衛門《すみえもん》という者じゃ。牛が暴れて大変《てぇへん》だ。助けてけろと言われて来てみたが、あんさんがわしの前に片付けてくれた。てえしたもんだ。江戸でもあんさんほどの力持ちは滅多にいねえ。年はいくつだ。相撲取りになる気はねえか」

「おら十二だけど誰さも力は負けねえ。それでお父っつぁんには、この力で百姓しねえでも米俵ば重なるくらい稼いでみせっからと言ってんだ」

「そうかいそうかい、それじゃわしがお父っつぁんに話しをしてやるから相撲取りにならねえか」

「なってやってもいいけど、腹いっぺ食えるか」

「ああ相撲取りになったらちゃんこ鍋が毎日食べられるぞ」

「ちゃん、こなべ。小鍋ではやんだな」

「ちゃん、小鍋ではない。ちゃんこ鍋。肉や魚や野菜がいっぺ入って、うまいぞー」

与四郎聞いているだけでよだれが出てきます。

「よし決めた、おら、相撲取りになるだ。そして出世して家の庭に米俵重ね

【銅鑼のような声】
遠くまで響き渡る声
【仙台様】
仙台藩の殿様

てみせる」

「よしよしその意気だ」

関の戸は早速父親を説き伏せ、与四郎を江戸へ連れて帰りました。

こうして与四郎の相撲取りの修行が始まったのですが、新弟子ですから兄弟子たちの世話でてんてこまい。土俵での稽古は一日三番のみ。体の大きさも力も兄弟子たちに負けていませんでしたが、なにせ相撲を知らない。毎日毎日、土俵にたたきつけられるばかり。しかし一度決めた道とて、努力を重ね、朝のてっぽう、夜の四股《しこ》と精進《しょうじん》を重ね、半年後についに兄弟子の一人を打ち破った。これを契機にめきめき上達。十九の時には秀ノ山と名乗り、番付に名前が載った。

この後は連戦連勝、破竹の快進撃。場所ごとに優勝を重ね、伊達関《だてがせき》森右衛門となって入幕。関脇に昇進し、谷風梶之助と名を改め、無敵の横綱への道を歩み始めたのであります。

身の丈六尺三寸、目方四十三貫と申しますから、現在で言えば、百八十九センチ、百六十九キロの大型力士。優勝二十一回、六十三連勝の大記録。

仙台公、伊達陸奥守《むつのかみ》様大変お喜びになり、「余の領分から立派な力士が出たのは誉れである」と谷風を仙台藩のお抱え力士とし、御扶持をお与えになりましたが、谷風はそれを全て実家の霞目に運ばせ、子どもの時の言葉どお

【てっぽう】突っ張りの稽古
【四股】片足ずつ高く上げて力強く地を踏む相撲の基本動作
【精進】15ページ参照
【破竹】猛烈な勢いで進むこと
【伊達陸奥守】仙台藩主の官位名をつけた呼び名
【扶持】給与としての米

り米俵を庭に積み重ねて見せたそうです。
「わしが国さで見せたいものは、昔、谷風、今、伊達模様」と地元で歌われた谷風梶之助。その幼年時代を語った「谷風梶之助出世の誉れ」の一席これにて読み終わりといたします。

【伊達模様】大型で派手な文様デザイン。伊達の歴代藩主が好んだためそう呼ばれるようになったという説もある

もっと知ろう「谷風梶之助」

仙台市青葉区勾当台公園に谷風の等身大の銅像があります。新横綱が誕生いたしますと、最初の仙台巡業の際、この像の前で、新横綱による土俵入りを奉納するのが恒例となっています。銅像の台座は低く、谷風と並んで写真を撮ることができます。また仙台市若林区霞目には谷風の墓があり、小さな公園となっています。

講談の世界では「谷風」は超人気者。『谷風情け相撲』とか『橋場の長吉』といった演目は、多くの講談師によって語られています。プロの講談師が語る『谷風情け相撲』はユーチューブでご覧になれます。

（谷風梶之助の墓）

三、知られざる吉野作造

大崎市出身の吉野作造。三年間のヨーロッパ留学で学び、見聞したものを通して「政治は民衆が行うのが本来の姿だ」という民本主義を唱える。そんな折に起きた、政府による言論弾圧事件。その弾圧に対して敢然と抗議の声をあげたのが吉野作造。そして、一般聴衆の前で政府を支持する右翼、浪人会と、両者対決の演説会を行うこととなった。恫喝《どうかつ》する浪人会。華奢《きゃしゃ》な体ながら凛《りん》として演説を行う吉野作造。その結末やいかに。

大正七年、西暦で言いますと一九一八年。この年はパイロット万年筆や森永ミルクチョコレートが世に売り出された年ではありますが、世間全般は不穏な空気に揺れ動いていました。ヨーロッパではドイツが降伏し、四年にわたる第一次世界大戦がようやく終結を迎えましたが、西部戦線から広がったスペイン風邪が大流行。西部戦線異状あり。日本でも大恐慌のあおりを受け

【西部戦線】第一次世界大戦でドイツ軍が英・仏連合軍と対峙した戦線

米騒動が各地で勃発。

時の寺内内閣は、混乱を収めるために米騒動の記事を差し止めるという言論封殺の暴挙に出ました。それに対して大阪朝日新聞が抗議の論説を掲げると、この記事を危険視した当局は、大阪朝日新聞を告発し、裁判の結果、執筆者に対して禁固二か月の刑が言い渡されました。

政府の動きに同調した右翼、浪人会。浪人会といっても予備校生の組織ではございません。幕末の坂本龍馬のように、制約の多い組織を自ら離れ、自分の信ずる主義に従って政治活動を行った一団です。その浪人会が大阪朝日新聞の社長村山龍平を大阪中之島公園で襲い、衆人環視の中で公園の灯籠《とうろう》に縛りあげ、「国賊村山龍平を天に代わって誅《ちゅう》す」の捨て文《ぶみ》とともにさらしものにしました。この一連の出来事を受け、大阪朝日新聞社は社長の村山以下論説陣全員が辞任に追い込まれてしまいます。

このことを聞き、すぐに「言論自由の社会的圧迫を排す」と題する一文を雑誌『中央公論』に寄せ、糾弾に立ち上がったのが吉野作造。

その時、歳は四十歳。髪はオールバック、英国風に口ひげを蓄え、ステッキを持つ姿は銀幕から抜け出た二枚目のごとし。理《ことわり》なるかな三年間のヨーロッパ留学から立ち帰り、民本主義を唱え始めた気鋭の政治学者。

生まれは宮城県志田郡大柿村。現在の大崎市古川。綿屋の長男に生まれま

【米騒動】コメの価格急騰にともなう暴動事件

【右翼】保守主義・国粋主義の思想傾向

【国賊】自国に害を与える者

【誅す】悪人を攻め滅ぼす

【銀幕】映画のスクリーン

【理なる】当然である

したが、這《は》えば立て、立てば歩めの親心で、大きな目と大きな耳を持ち、利発な我が子の成長を見た父親は、「この目は大きなものを見るようになるのだろう、この耳は人の声によく耳を傾けるだろう」と考え、店の跡取りを姉に決め、作造を学問に専念させたのであります。

「いやあ、吉野の綿屋の息子は村始まって以来のてんどうだそうだ」

「天丼？、吉野だければ牛丼でねえが」

「ばかこぐでねえ。天丼ではない天童だ」

「てんどうとは何だ」

「そんなことも知らねえのか。頭のいい人のことを天才とか神童とか言うだろう。うんとすごいから合わせて天童だ」

その名に恥じずとんとん拍子。地元の尋常小学校トントン、仙台の尋常中学校トントン、旧制第二高等学校トントン。いずれも首席で卒業。二十二歳の時、東京帝国大学法学部の門をくぐったのであります。

すでにキリスト教の洗礼を受け、その博愛と人道主義に触れておりました吉野にとって、ヨーロッパから帰国したばかりの助教授小野塚喜平次の「政治は国家のためでなく国民生活のためである」という教えは、乾いた大地が水を吸うように、ダイソンの掃除機が何でも吸い込むように吸い取っていきました。

【ばかこぐ】
馬鹿なことを言う

【地元の尋常小学校】
現古川第一小

【仙台の尋常中学校】
現仙台一高

【旧制第二高等学校】
現在の大学教養課程にあたる教育機関で、戦後、東北大学に合併吸収

その教えは大学卒業後、革命前の中国で民衆の悲惨な生活を目《ま》の当たりにしたことや、三年間のヨーロッパ留学で、第一次世界大戦直前の労働者のデモや民衆運動の高まりを見聞したことで確固たるものに変わり、「政治は民衆のためにするものであり、政治の最終的な監督は民衆自身が行わなければならない」という「民本主義」を提唱したのであります。そんな彼にとって、言論の自由が侵されることは、絶対に許されることではありません。

頃はいつなんめり。大正七年十一月十六日、冬立つ日の頃おいとて、関東平野を吹き抜けるからっ風。神宮外苑の色づく銀杏《いちょう》は黄金《おうごん》の林の如《ごと》く、風に舞う葉は金色《こんじき》の鳥が飛び交う様にて、えも言われぬ気色《けしき》あり。

吉野が東大構内の研究室で書き物をしていると、「国賊吉野作造はいるか」と乱暴にドアをたたく音。

「入ってまーす。少しお待ちを」とのんびり応《こた》える吉野作造。小柄で華奢な男でありますが、度胸満点。

返事も待たずにどやどやと乱入してきたのは右翼、浪人会の男たち。先頭の男の出《い》で立ちを見てあれば、紺絣《こんがすり》の袷《あわせ》にへこ帯しめ、頭には季節外れのカンカン帽。右の手に木刀を持ち、左手には表紙の破れかけた『中央公論』。下駄の音も高らかに胸ぐらつかまんと近づいてくる。すーうわやと思われましたが、吉野作造、

【いつなんめり】いつであるだろう

【えも言われぬ】何とも言えない

【気色】様子

【袷】裏地のついた着物

【へこ帯】浴衣などに使う広い幅の布をしごいて用いる帯

【カンカン帽】

「うーよく来ましたね」とぼけをかます。（左翼が来ましたときは「さーよく来ましたね」と言ったそうです）気勢をそがれた一人がへをかます。

あわてて窓を開け放した男たち、ひんやりした秋風に煮えくりかえった頭が冷やされた。

吉野をやっつけてやろうと思ってやってきたのに、うまくあしらわれ、一週間後に公衆の面前で両者立ち会いの演説会をやることを約束させられてしまった。しかしそのころ日本第一主義を掲げ、自由主義者をスケープゴートに貧しい人々を煽《あお》る、先のアメリカ大統領トランプもどきの浪人会の演説は各地でそれなりの人気を博しており、浪人会としても受けて立つの気構えだったのであります。

そうしてついに迎えたのが十一月二十三日。その時を前にした午後二時。東京帝大三十二番教室は、五、六百名の学生で興奮のるつぼと化していた。弁論部の呼びかけで集まったこの度の事件に悲憤慷慨《ひふんこうがい》した学生たち。

「諸君！　我々のなすべきことは演説会場南明倶楽部《なんめいくらぶ》に押し掛けることだ。見給《たま》え！昨日までデモクラシーの提灯《ちょうちん》持ちをしていた新聞や学者たちは今なにをしているか。大阪朝日の一件以来縮みあがってしまったのだ。今、吉野先生のみ敢然と戦っている」

【すーうわや】22ページ参照
【かます】「する」の俗語
【左翼】革新的・急進的思想傾向
【日本第一主義】他国との協調を顧みず日本の利益を優先する考え方
【スケープゴート】いけにえ
【興奮のるつぼと化す】興奮が異様に高まるさま
【悲憤慷慨】悲しみ、憤り嘆くこと

「そうだ、そうだー」

「諸君、諸君！吉野先生対浪人会の戦いは、自由の学府が軍国主義の馬蹄に蹂躙《じゅうりん》されるか、民衆の手によって擁護されるかの決戦だ。軍国主義を擁護する者は浪人会につけ。大学の文化的使命に忠実たらん者は共に戦え。行動だ。いざ南明倶楽部へ」


一方、浪人会側は、先日研究室を訪れた佐々木安五郎以下四人組。腹が減っては戦はできぬと裏通りの食堂で飯をかっこむ。

「兄《あに》さん、今日の吉野っていうやつは何者でやすか」

「うむ、ミンポン主義などと言って国民をたぶらかすやつだ」

「ミンポコ主義。何か品がねえですねえ」

「どういう耳してんだ。ミンポコ主義ではない。民本主義だ。政治は民衆が行うのが本来の姿だなどと、天皇陛下をないがしろにする考えだ」

「とんでもねえやつですね。一つとっちめてやりましょうか」

「ああそのつもりだ」

「わかりやした。すのこでぐるぐる巻きにして神田川へぶん投げてやりましょう」

「そりゃあいい。やつはかっこつけて口ひげなどはやしておるが、川の中でのたうち回る姿はまさに泥鰌《どじょう》ひげだ。あはははは」

【馬蹄】馬の蹄《ひづめ》
【蹂躙】踏みにじること
【すのこ】竹や葦を並べて編んだもの

「兄《あに》さん、それじゃあ景気づけに泥鰌を食べてから行きやしょうや」

「おおそうだな。一杯飲んでいくか」と余裕しゃくしゃく。

さあこうしておっとり会場に来てみると、いつもと違う雰囲気に目じりをつり上げ、唇を噛む。

浪人会の佐々木安五郎、つばを飛ばして演説をはじめた。

「我々にとって国民を不安に陥れるものは、全て敵である。大阪朝日しかり。今そこにいる吉野作造しかり。彼奴《きゃっ》が説いている民本主義なるものは、『政治は国民の考えに基づいて行われる』などと、畏《おそ》れ多くも天皇陛下をないがしろにした考えだ。我々は武士道精神にのっとり、陛下に代わって大阪朝日に制裁を下しただけである。貴様もここで頭をさげなければ、ただではすまないと覚悟せよ。泥鰌鍋にしてやるぞ」

南明倶楽部の講堂に詰めかけた聴衆約千五百。九割が吉野を応援するために集まってきた学生と労働者である。一斉に「帰れ、帰れ」のシュプレヒコール。

代わってマイクを取った吉野作造。その日の出で立《いた》ち見てあれば、英国製のタキシードシャツ。首には鮮やかかパープルカラーのネクタイしめ、一張羅のフラノ地の黒のスーツ。

「諸君は私の口ひげを泥鰌ひげなどと言っているそうだが失礼千万。おおか

【しかり】
そうである
【シュプレヒコール】
デモなどで声を合わせて叫ぶこと
【一張羅】
よそいきの服
【フラノ地】
毛織物の生地。フランネル

た泥鰌鍋を突っつきながら私をやっつけたつもりだろうが、そうはいかない」

　そう言って、台をたたいて語り出した言葉は次第に講談調。

「そもそも本日の立会演説会の濫觴《らんしょう》を尋ぬるに、近来何事にも国家お大事の流れにて、言論の自由も浪人会なるものに恫喝され、デモクラシーの光明《こうみょう》も今まさにかき消されんとする。ここにデモクラシーの旗頭《はたがしら》たらん我が吉野作造。檄文を飛ばして心ある学生や労働者に呼びかけ、浪人会の退治に及ばれけり。先ほどの浪人会の演説は笑止千万。その論説《ろんぜつ》はすでにほころびにけり。その理由をいかにと問われれば、彼らが言う武士道精神とは真に君《きみ》に仕える態度ではないからだ。皆も歌舞伎の『先代萩《せんだいはぎ》』を知っておるだろう。仙台公の刺客を殺した臣は、君の許しなく、勝手に君の面前で刃《やいば》をふるった罪を謝した。これこそが我が国の本当の武士道の精神である。いかに思想を憎むとて、勝手に制裁することはかえって天皇の大権を犯すものではないか。浪人会の諸君はこの責任をいかにして取るのか」と真《ま》っ向梨子割《こうなしわり》、唐竹割《からたけわり》、あるいは胴切り車切り。奴豆腐に玉あられ、羊羹くずに切り山椒《ざんしょ》。ザックザックと斬り捨てる。

　会場からは「ウオー」という地鳴りのような歓声と拍手。

　さらに調子づいた吉野作造、繰り出したる言葉の槍先は電光石火のごとく、打てば開き、開けばつけ入る千変万化。一陰一陽一往一来虚々実々。陽炎稲

【濫觴】物事の始まり
【恫喝】おどしつけること
【檄文】相手の非を訴え、決起を促す文
【先代萩】歌舞伎演目「伽羅先代萩」の略
【真っ向梨子割〜斬り捨てる】次々と切り捨てる様。講談常套表現
【一陰一陽〜水の月】姿が様々に変わる様。講談常套表現

妻水の月、手練《しゅれん》の早技目にも止まらず。吉野も何を言っているか分からなくなってきた。

たまりかねた浪人会の一人が、立ち上がって拍手する学生に殴りかかった。

それを見た吉野すかさず、

「その暴力が諸君のやり方である。数万語の演説よりも今の一事が諸君の正体を示している。これによって本日の立ち会い演説会のいずれが正しいか証明されたのだ」と決めつけた。

会場は割れんばかりの大拍手。

浪人会も筋道たてた吉野の弁舌にぐうの音も出ず、そそくさと退場する。

吉野は押し寄せた聴衆にもみくちゃにされ、いつの間にか宙に舞っている。

「万歳、万歳。デモクラシー万歳」の大合唱。その興奮した群衆の叫びは窓から外に溢れ出し、路地裏を流れ、神田川の水面をたゆたい、月の光にからまりながら夜空に昇っていった。

（蛍の光窓の雪♪）

国家はこの後、吉野の奮闘にもかかわらず泥沼に入るが如く、軍国主義の色合いを強めていきますが、その中でも最後まで屈せず「立憲主義」と「軍国主義の排除」を主張した吉野作造。

生まれは明治十一年一月二十九日。宮城県志田郡大柿村。亡くなりしは昭

【手練】熟練したあざやかな腕前

【ぐうの音も出ず】非を指摘されたりしても、一言も反論できず

【立憲主義】政府の統治は憲法に基づいて行われるという考え方

和八年三月十八日。逗子小坪にあります湘南サナトリウム病院にて、五十五歳の生涯を終えたのであります。

このように吉野は立憲国家建設の夢半ばにして倒れたのでありますが、戦前アメリカで出版された吉野の著書の反軍・平和思想は、連合軍の対日政策に導入され、一九四五年のポツダム宣言第六項の軍国主義の除去となり、さらに日本国憲法第六十六条「国務大臣は文民でなければならない」という規定として実を結び、現在の平和憲法の礎《いしずえ》となったのであります。

「民本主義」の吉野作造。大正デモクラシーの吉野作造。そして現在の日本国憲法を導いた吉野作造。

彼の生涯と業績を振り返った『知られざる吉野作造』読み終わりといたします。

【サナトリウム】
結核療養施設

【大正デモクラシー】
大正時代に起こった政治・社会・文化の各方面における自由主義的な運動・風潮の総称

もっと知ろう「吉野作造」

大崎市にある吉野作造記念館に行ってみましょう。彼の足跡の全てをたどることができます。クリアファイルや一筆箋など彼にちなんだ記念品も販売されています。

彼に関する書籍は多数ありますが、小説では、井上ひさしの『兄おとうと』（新潮社）が大変おもしろい。兄作造と全く立場を異にした貴族院議員の弟、吉野信次。二人の兄弟のやり取りを通し、作造の生き方が浮かび上がってきます。

彼の思想を詳しく知りたい方は、中公文庫の『憲政の本義-吉野作造デモクラシー論集』が手に入りやすい一冊です。

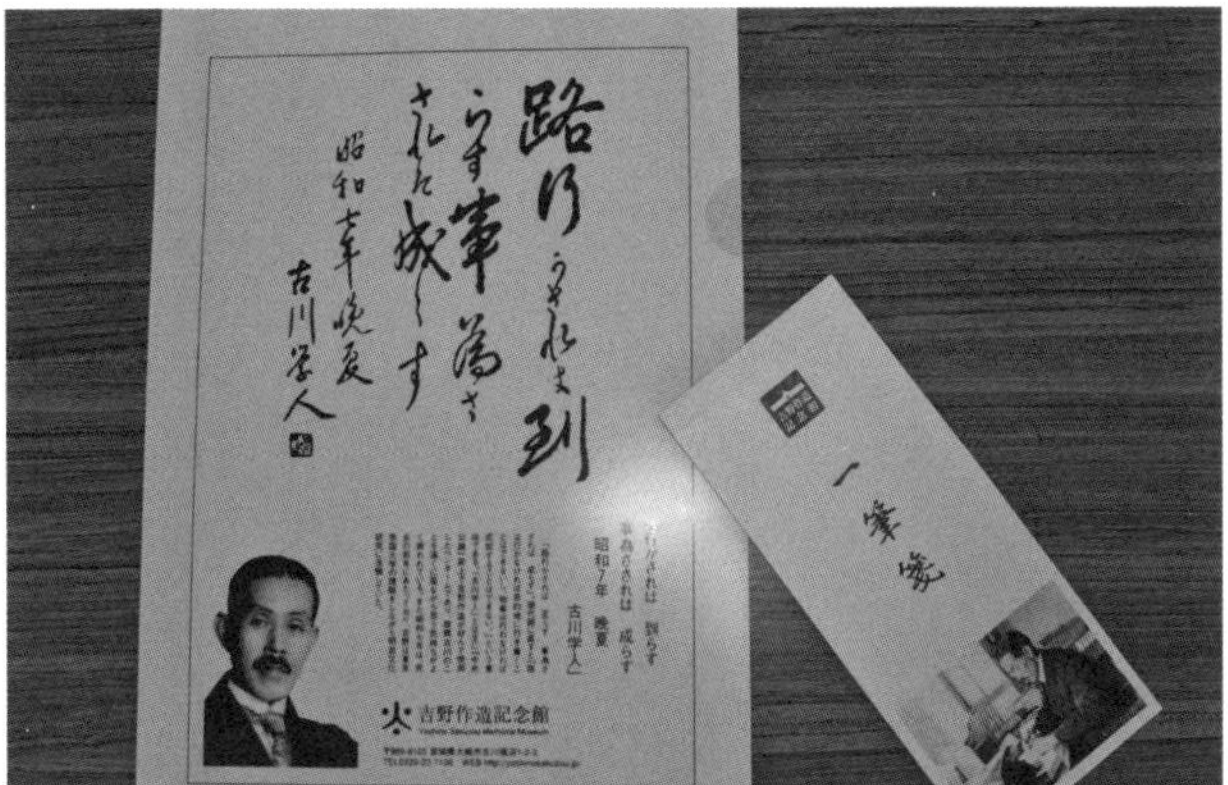

（クリアファイルと一筆箋）

四、黒光、結構、インドカリー

明治の初め、仙台で生まれた星良《ほしりょう》。多感な文学少女。彼女がのちにパン屋のおかみさんになると誰が予想しただろうか。そのパン屋とは現在の新宿中村屋。そのおかみさんとは相馬黒光。中村屋と言ったらかつて東京一のハイカラなお店として多くの文化人が集った場所。また喫茶部の看板メニューである「インドカリー」は多くの人々に愛されてきた。
新宿中村屋に常に新風を巻き起こし続けたのが創業者夫人の相馬黒光。彼女なしには「インドカリー」は生まれなかった。

皆さま、新宿中村屋のカリーをお食べになったことがございますでしょうか。かつて寺山修司が人生相談欄を担当していた時、自殺願望の青年に「君は新宿中村屋のカリーを食べたことがあるか?なければ食べてから再度相談しろ」と答えたという、日本最初の本格的インドカリーです。

【寺山修司】
歌人、劇作家

このカリーが生まれるにあたって、中村屋創業者夫人の相馬黒光《こっこう》の働きがあったことをご存じでしょうか。黒光とは「黒に光」と書く彼女のペンネーム。文学に傾倒した女学校時代に、「あふれる才気を少し黒で覆いなさい」と教師によってつけられたもの。そんな才気煥発な彼女の行動は常にあたりをはらはらさせた。

相馬黒光。生まれは明治八年九月十一日。仙台藩士星喜四郎・巳之治《みのじ》の三女として仙台市に生まれた。本名は良《りょう》。十二歳の時、教会の賛美歌に引かれ、親にも相談せず受洗。

地元のキリスト教に基づく私塾、宮城女学校に入学も、教師に反発し東京のフェリス女学院に転校。今度は修道女のような生活に息がつまり、若き島崎藤村などが教師をしていた明治女学校にまたもや転校。文学に目覚め、生き生きとした学校生活を送るが、その中で書いた恋愛小説が「私小説」ではとスキャンダルとなり、周囲から白い目で見られるようになってしまった。

そのようなとき出会ったのが、信州の豪農の跡取り息子相馬愛蔵。小説を書くことに幻滅した黒光。「大いなる自然の中で朝《あした》に霜を踏み、夕《ゆう》べに星を抱いて帰るような生活をしたい」と考え、結婚を決意。卒業後、信州東穂高村に嫁いでいった。黒光二十二歳。

しかし夢見た田園生活はあまりの単調さ。東京で溌溂《はつらつ》とした生活を送って

【才気煥発】すぐれた才能が外にあふれ出るさま

【受洗】洗礼を受け信者になること

【私小説】作者自身の体験を素材として書かれた小説

きた黒光が耐えられるはずもない。喘息《ぜんそく》の発作も起きるようになってしまった。黒光は健康な体を取り戻してきますと舅姑《しゅうとしゅうとめ》に暇をもらい仙台の実家へともどる。

ところがあら不思議。仙台につくと病気のことは忘れてしまうくらい元気になった。もうこうなるとじっとしていられない。愛蔵と相談し、上京し、二人で新生活を開拓しようと決心。

「どうやって暮らしをたてようかねえ」と夫の愛蔵。

「この本郷は書生さんが多いから、彼ら相手のお店なんかどうかしら」

「蕎麦屋かい」

「だめだめ、蕎麦屋やうどん屋は夏にはお客が入んないわ」

「じゃあ牛丼屋」

「もう吉野屋、松屋、すき屋ライバル多すぎ」

「うーん何かこれからの新時代にふさわしいものはないかな」

「パン屋さんどうかしら。新しいことパ〜ンとやりましょうよ」とお気楽な黒光。

「本当に将来性があるか試してみるか」

そうして二人は三か月の間パン食を試してみた。

その結果、パン食はこれからの日本の食生活で受け入れられると判断、早

【本郷】東京都文京区本郷地区。東京大学がある

【書生】ここでは学業を修める者の意

速「パン屋譲受希望」の広告を出すと、なんと、この数か月購入していた本郷正門前の「中村屋」さんが事情があって手放したいとのこと。職人や小僧や女中まで居つきのまま譲り受けることとなった。

そうして黒光の「奥さん」ではなく「おかみさん」としての人生が始まった。書生っぽのままごとと冷ややかにみていた周囲の人々。頭を櫛巻《くしまき》にし、木綿の割烹着《かっぽうぎ》姿で自らワッフルを焼く姿にびっくり。決意と同時にすかさず手をうつ行動力は商売にも生かされ、日本初のクリームパンの製造、まだ田舎だった新宿への移転、月餅《げっぺい》やロシアチョコレートの製造など、次々と新しいことに乗りだした。それらは黒光の行動力と夫愛蔵の誠実な商売道が絶妙に組み合わさった成果であった。

このように因習にとらわれない夫婦のもとには、分野を超えた様々な人が出入りするようになった。彫刻家、画家、演劇人、さらには外国の放浪詩人。人と違ったことが好きな黒光は、貧しく一癖ある彼らを分け隔てなく世話した。家や店の中には、彼らが黒光や黒光の子どもをモデルにした彫刻や絵が無造作に並べられ、土蔵ではバラライカを弾きながらの吟詠や芝居が演じられた。その自由な雰囲気は、やがて中村屋サロンと称されるようになった。

そのような時、「中村屋」の将来を決定づける人物が突然舞い込んできた。その人の名はラス・ビハリ・ボース。インドの王族階級の生まれ。祖国を

【本郷正門】東京大学正門

【書生っぽ】書生を軽んじていう言葉。ここでの書生は学問をしてきた人の意

【櫛巻】髷を櫛で巻いた髪形で、当時の職業婦人に流行

【月餅】月に見立てて丸く平たい形にし、中に餡などをつめた中国の伝統菓子

【バラライカ】ロシアの民族弦楽器

英国の圧政から救おうと立ち上がった独立解放運動の闘士。印度総督の暗殺を謀り失敗。英国政府から追われる身となり、日本にひそかに潜入。それを知った英国政府は、ボースを国外退去させるように日本政府に圧力をかけた。亡命してきた政治犯は、各国とも保護することがならわしであったが、日本政府は、度重なる英国政府の要請に応じてしまう。世論は「窮鳥懐《きゅうちょうふところ》に入れば猟師もこれを殺さず」と言うではないかとその軟弱外交に憤った。

そんな大正四年の十二月。店になじみの客、二六新報の編集長が見え、主人愛蔵と言葉をかわす。

「例のインドの方のことでは、政府と随分やりあっているようですね。新聞で見ましたよ」

「そうなんだ。実に日本政府は弱腰なんだ」

「この後どうなりそうなんですか。私なんかも心配しているんですが」

「退去の命令の刻限が迫ってどうしようもないよ。かくまう場所もないしねえ。なんせ色の黒いターバンを巻いた大男だ。目立ってしまう」

「うちの店みたいに変わった人がしょっちゅう出入りしてるとこなら目につかないでしょうがねえ。うちではロシア人とか中国の方とかも来るんですよ。ヨーロッパ帰りの芸術家なんてどこの人だか分かんない格好してますよ」

この何気ない黒光の相づちが中村屋の運命を変えた。

【印度総督】イギリスが植民地インドに置いていた最高行政官

【窮鳥懐に〜殺さず】追いつめられ逃げ場をなくした人が、救いを求めてくれれば、どんな理由であっても見殺しにできないということ

【二六新報】明治〜大正時代にあった新聞社

その夜、ボース救済の中心となっていた玄洋社総裁頭山満《とうやまみつる》氏から中村屋でかくまってくれとのじきじきの依頼の電話。

「おい、こうなったら覚悟を決めるぞ」と主人愛蔵。

早速、店の従業員を集め、覚悟のほどを話し、協力を求めた。

みな真剣なまなざしでこれまでの経緯を聞くと、講談好きの年かさの源三が、

「よろしゅうございます。公然と外を出歩けるようになるまで立派にお守りいたします。警察が押し込んできても一言ももらしません。この店の者は皆、今日から天野屋利兵衛《あまのやりへい》でござる」

こうして中村屋に連れてこられたボース。巨体に似合わぬ愛嬌の持ち主。

「わたしボースです。ボーズでないです。私テンジクの人。みなさんシンジュクの人。似てますね」と片言の日本語で笑わせる。

かくまう方はそう言っていられない。部屋を外から見えないようにして、食事もその中。

ところが王族出身のボース、注文が多い。

「ここはパン屋さんだと聞いていたのですがナンが食べたいです」

「ナン？それなんですか」

「だからナンです」

「なんでは分からんです」

【玄洋社】大アジア主義を主張した政治結社

【天野屋利兵衛】講談では赤穂浪士の武器を調達した義商。奉行の厳しい取り調べに口を割らなかった。

【テンジク】天竺。インドの古称

「ナンはナンです」と珍問答の繰り返し。

多少英語ができる黒光が筆談で確認すると、パンと焼き方が全然違う。水甕を逆さまにしたようなかまどの内側に粉を練ったものを張り付けて焼くという。大正時代の日本ではまだ誰も見たことない。

口に合うだろうとライスカレーを出すと、

「これカリーじゃない。インドのカリーはメリケン粉使いません。もっとクリーミー、肉はチキンです」

この時は口うるさく思っていたが、これが後に中村屋の看板メニューになるとは思いもしなかった。

こうして日本政府の官憲の目を欺くこと、四か月半。ついに政府は方針を変え、ボースの日本滞在を認めた。しかしイギリス政府の追及は続き、ボースは国内を転々とする日が続く。

そんなボースと連絡役を務めたのが黒光の長女俊子であった。女子学院を卒業したばかりの黒光譲りの好奇心旺盛な十八歳。かつ英語が話せる才媛。まさかそのような娘が連絡役だとはボースの追手の方もノーマーク。しかし日本語が話せない異国の人間が一人で隠れ家に潜むのは無理がある。そんなある日、

「いっそのこと俊子ちゃんをボースの嫁さんにして、側で世話をさせては」と玄洋社の頭山満。

【メリケン粉】小麦粉の別称

【官憲】警察関係の役所、役人

その申し出を受けた俊子は一か月考えに考えて結婚を承諾。一方ボースも「私は少年時代から、インド独立のため東奔西走して結婚どころではありませんでした。しかしあの相馬さんのお嬢様ならば」と承諾。

何のことはない。俊子が連絡役に通ううちに、秘密を共有する二人、それとなく恋心を抱いていたのである。

しかしこの結婚は公にできるものではない。その後も二人は身を隠す生活三年。その間、家を変えること十七回。俊子はこの間ボースを支えるだけでなく、ボースの祖国インドの文化や宗教の理解に努めたという。第一次世界大戦の終結に伴いイギリス政府の追及の手も弱まり、大正八年（一九一九年）ボース夫妻はやっと日の当たる家に住めるようになった。

しかしボース夫妻の幸せは長くは続かなった。大正十四年、逃亡生活の労がたたったのか、俊子は二人の幼子を残して亡くなってしまった。

しばらく茫然としていたボースであったが、半年も過ぎたある日、黒光の前に現れたその表情は一変していた。その藍色の目に光があった。

「ボースさんお変わりありませんか。お預かりしている子どもたちも元気にやってますよ」

「それはハッピーです。本当、お父さん、お母さんにサンキューベリマッチです。子供たちだけでなく、役立たずのわたしを『中村屋』の役員にして給料まで

【東奔西走】

目的のため、あちこち忙しく動き回ること

いただいて本当にサンキューです。私考えました。何かお手伝いできないか」

「いやいや、そんな気を使わなくていいんですよ。家族なんですから」

「でもいつまでも居候《いそうろう》いやです。お手伝いしたい。今度『中村屋』で喫茶部を作ることになったと聞きましたが、そこのメニューとして私の祖国のカリーを出してもらえませんか」

「お気持ちはありがたいけど、ライスカレーは、もう家庭でも一般的になってますから、ちょっとねえ」

「ちっちっち、ライスカレー、あれはおいしくない。あれカリーでないです。インド貴族の食するカリーはあんなもんじゃない。あれはイギリス人によって作り変えられたもの。いわばイギリスによって植民地化された食べ物。私は本物のカリーを広めることは、インド独自の文化を広めること、つまりそれはイギリスに対する反植民地闘争でもあると思います」と大演説。

黒光は考えました。今、うちの店で評判のロシアチョコレートも月餅《げっぺい》も元はと言えば、本場のロシア人職人や中国人の料理人が作り始めたもの。それらの国との友好になればと軽い気持ちで始めたもの。ボースの言い出したカリーも案外いけるのではないかしら。

翌日から調理場でボースの指導のもと本場のカリー作りがはじまった。

「まず日本のカレー、あれはメリケン粉にカレー粉を混ぜただけです。本物はクリーミーで濃厚な味です」

「どうやったらその味になるのかしら」

「バターとたくさんの香辛料、それにヨーグルトを入れます」

ヨーグルト自体が一般になじみのない時代。さてどんなものになるのかとおっかなびっくり。ところが出来上がったものは今まで味わったことのないすっきりした辛さ。これはいけるかも。

「お肉は言われたとおり鶏肉を用意したけどどうかしら」

出来上がったカリーを一口食べたボース。悲しそうな顔をして、

「おいしくないです」

「そんなことないはずよ。一番上等の鶏を用意したんだから」

「この肉、色が白くて柔らかで味がないです。鶏舎飼いの鶏です。自然の中で育った鶏なら身がしまって味も遥かにいいはずです」

早速養鶏業者を訪ねると、そんな鶏をたくさんそろえるのはどこでも無理とのこと。

そこで相馬夫妻は即座に鶏の勉強を始め、山梨に中村屋専用の飼育場を設けてしまった。最後に問題になったのが米。ボースに言わせれば日本の米は柔らかすぎて、カレーをかけると、もちもちとくどい味になってしまうという。そこでインド米を取り寄せ作ってみると、確かにカレーをかけてもきれ

いにしみとおり、見た目はすばらしかった。だが、従業員に味見をさせてみると、粘り気のある米に慣れている彼らには今一つ不評である。

そこで人に相談すると、江戸時代に美食家が好んだ白目米《しろめまい》というのがあるという。ところが手間がかかるため最近はあまり作られていないともいう。またもや相馬夫妻は思い切った手に出た。わずかに作っていた埼玉の農家に一等米より二割高く引き取ることで栽培をたのんだ。

こうしてついに昭和二年六月十二日、中村屋喫茶部で日本最初の本格的インドカリーが販売された。今までにないクリミーかつスパイシーな汁と当時珍しい骨付きの鶏肉、そして忘れ去られていた白目米の組み合わさった中村屋カリーはあっという間に店の看板商品となった。当時の一般のカレーの四倍の八十銭という値段にもかかわらず一日二百食売れたという。

中村屋ではこのカリーの販売開始日を、味を伝えたボースへの感謝をこめて「恋と革命のインドカリーの日」と呼んで今に伝えている。

このように中村屋の看板メニューであるインドカリー誕生までには、さまざまなドラマがあったのであるが、その中心には常に黒光がいた。彼女の人々をひきつける力と、既成概念にとらわれない行動力が新しいカリー生みだしたと言っても過言ではない。

『黒光、結構、インドカリー』の一席読み終わりといたします。

【一等米】
米の品質を表す等級で上等な米のこと

もっと知ろう「相馬黒光」

相馬黒光の出身地である仙台には、彼女の痕跡を残すものは残っていません。彼女が半生を振り返った回想記『広瀬川の畔』のタイトルにある広瀬川だけが、昔と変わらず美しい流れを見せています。

彼女の歩みを知るためには、新宿駅東口にある新宿中村屋ビルを訪ねるのが一番です。地下一階のスイーツ＆デリカ「ボンナ」では、作品中にでてきた元祖クリームパンや月餅が購入できます。また地下二階のレストラン＆カフェ「マンナ」では中村屋純印度式カリーを食することができます。ぜひ足を伸ばしてほしいのが三階にある中村屋美術サロン。萩原守衛の黒光そっくりと言われる彫像「女」や、黒光の娘俊子をモデルにした中村彜《つね》の絵「小女」などゆかりの作品が展示されています。

（現在の中村屋純印度式カリー）

五、鬼小十郎見参

伊達政宗の下に片倉小十郎景綱あり。その嫡男重綱は父に代わって大坂夏の陣に徳川方伊達軍の先鋒として出陣。徳川方優勢に進めていた戦いであったとき登場したのが、豊臣方の智将真田幸村。徳川方はたちまち真田軍に蹴散らされていく。そこへ猛然と突っ込んでいったのが、片倉小十郎重綱の軍。大将自ら刃をふるった戦いぶりは大御所家康に「鬼の小十郎」と激賞される。そして敵方真田幸村からも密書が届く。大坂夏の陣のこぼれ話。

時は天正十二年十二月二十五日と申しますから西暦で言えば一五八四年の一月、出羽置賜郡《おきたまのこおり》長井の庄に玉のような男の子が生まれた。父は伊達政宗が右腕と頼む重臣片倉小十郎景綱《かげつな》。あの秀吉や家康もその才気を認め高禄で召し抱えようとした名参謀であります。母は美人の誉れ高い矢内和泉守《いずみのかみ》重定の娘ちさと。その二人の嫡男として生まれ、幼名を左衛門《さえもん》と申しました。後に

【出羽】現在の山形県から秋田県の地域をさす

父小十郎の名を継いだ、二代目片倉小十郎重綱《しげつな》の誕生であります。

幼少よりその容貌美麗にして、髪は烏《からす》の濡《ぬ》れ羽色《ばいろ》、肌はつきたる餅の如く。伸びたる手足ははじけんばかりのつややかさ。その美少年が背筋をぴんと張り、聡明なまなざしをきりりとする姿は見る人を引きつけ、家中はもとより諸大名からも注目され、後のことではありますが、かの小早川秀秋に付け文をされ追いかけ回されたそうであります。

時は移り慶長五年七月。伊達政宗は徳川家康の要請を受け、上杉領となっておりました刈田郡《かったのこおり》白石城に攻めかかります。これは家康の上杉を討つと見せかけた豊臣方への陽動作戦。いわゆる北の関ケ原の合戦が火ぶたを切った。白石城を守っていたのは、上杉勢の中でも勇猛を知られた登坂《のぼりざか》式部以下二千五百。対する伊達軍は、東西南北の四方から一気に攻めかかろうとしていた。このとき政宗の側にあった片倉小十郎景綱の軍勢に走りよる四、五騎の武者がいた。

「とのー、とのー、お待ち下されお供つかまつりまする」

見れば息子の重綱。この時十七歳。従う近習は元服まもない若武者四騎。

「ええい、陣中であるぞ。何事じゃ」

「父上、このたびの城攻めに是非ともそれがしをお加え下され。拙者もすでに十七歳。母者よりも戦陣の小袖を賜《たま》わり、身につけて参りました」

「しゃらくさいわい、ケツの青いがきどもが何を言う。戦は遊びとは違うの

【烏の濡れ羽色】

つややかな黒色

【小早川秀秋】

秀吉の親族だが、関ケ原の戦いで裏切って家康に味方し、戦いの勝敗を決する役目を果たした

【付け文】

恋文を渡すこと

【慶長五年】

西暦一六〇〇年

【上杉】

上杉景勝。祖は謙信

【近習】

主君の側に仕える人

【戦陣の小袖】

戦用の着物

【しゃらくさい】

生意気である

だ。帰れ、帰れ」

「いや帰りませぬ」

「おう、ならば帰らぬでも良い。じゃがそち達に分ける糧食などないわ」

「父上心配には及びませぬ。ほれこのとおり麺《めん》を干したものを持ってきております。湯に通せば結構いけまする」（これが名物白石温麺《うーめん》のはじまりとか）

「こざかしいやつめ、だが残念じゃが、貴様等が入るすきまなど陣所にはないわい」

「大丈夫でござる。蔵から古い陣幕をお借りしてまいった。ほれこう三角に張れば、夜露はしのげ申す。こういうのを南蛮ではテント、と申すそうでござる」

「むむむむ、こしゃくなやつらめ。勝手にしやがれ」

翌朝、城外に火を放ち、伊達の精鋭が一気に城へ攻め込んだ。上杉勢も謙信に鍛えられてきた強者《つわもの》ぞろい。両軍死闘を尽くすも一進一退。次第に日が暮れかかってきた。

このとき、伊達の陣中から敵陣めがけて走り出した騎馬が五騎。先頭の男を見てあれば、黒漆塗り五枚胴の大鎧《おおよろい》。金泥《きんでい》で「愛宕権現守護所」と書きつけた札《ふだ》を前立てとした鉄錆地塗《てつさびぢぬり》六十二間の筋兜を押しいただいた重綱が、夕日を真向うに受けながら突っ込んでいく。敵も弓鉄砲の乱れ撃ち。近習二人が馬から落ちる。それを見た片倉隊、「若殿を討たせるな」と一斉に駆けだ

【糧食】
携行した食料
【白石温麺のはじまり】
歴史上は白石城下の鈴木浅右衛門という人物がはじめたと言われる
【五枚胴の大鎧】
五枚の鉄板をつなぎ合わせた大鎧
【愛宕権現】
軍神として崇拝された
【前立て】
兜の前に付ける飾り物
【六十二間の筋兜】
六十二本の筋が入った兜

した。後方からは片倉家自慢の鉄砲隊のつるべ撃ち。先頭の重綱、敵兵を蹴散らし、本丸の石垣に取り付き、土塀を乗り越え大音声《だいおんじょう》。

「やあやあ遠からん者は音にも聞け、近からんものは寄って見よ。我こそは伊達家にその人ありと知られた片倉小十郎景綱の一子、左衛門重綱。十七歳の初陣は当白石城の一番槍」

「それ、片倉殿のせがれに後れを取るな」と伊達の諸将一気に攻めかかり、強者揃いの上杉勢も崩れ去り、ついに降伏となった。

その夜、片倉父子は政宗に呼ばれた。

「まずは左衛門、白石攻めの働き、天晴れ。小十郎よ、このようなりっぱな倅を持って、いまさら小十郎でもあるまい。おぬしにはこの白石城を任せる。今後は城持ちらしく備中《びっちゅう》と名乗れ。備中守《びっちゅうのかみ》景綱じゃ。小十郎の名は倅に継がせよ。左衛門よ、今日からは二代目小十郎重綱と名乗れ」

ここに慶長五年七月、片倉小十郎重綱とあいなったのであります。

時は代わり慶長二十年五月六日大坂夏の陣。小十郎重綱三十一歳。徳川方伊達軍の先鋒として出陣。二年にわたる大阪の陣の戦いの中でも最も壮絶な道明寺《どうみょうじ》の戦い。

その日の片倉の陣を見てあれば、赤地に銀糸を以て観音経を細字で書きたる旗翩翻《へんぽん》と吹きなびかせ、白地に黒の釣り鐘の馬印《うまじるし》を押し立てて、旗下《はたもと》なる

【つるべ撃ち】休みなく撃ち続けること

【大坂の陣】豊臣方と徳川方の雌雄を決する戦。冬の陣と夏の陣から成る

【馬印】武将が己の位置を示すために長柄の先につけた旗印

大将は黒糸嚇しの大鎧。同じ毛糸五枚錣《しころ》、朱色の半月の前立て打ったる漆黒の兜を着なし、父景綱より授かった名刀大原真守《さねもり》を結び下げ、八寸《やき》に余れる青鹿毛《あおかげ》の駿足に跨《また》がり采配《さいはい》ふるう姿は、戦場に咲く大輪の花の如《ごと》し。続くは伊達自慢の騎馬鉄砲隊五百余人。金地に愛宕の札の立ち物つけたる朱の尖《とが》り笠に、背中に「愛宕山大権現守護之所」と太文字にて書き付けた白衣《びゃくい》の単《ひとえ》羽織を身につけ、おのおの馬上筒を備えし姿は威風堂々あたりを払う。さらにはさらには、徒小姓《かちこしょう》組六百人。足軽鉄砲組三百人。紺地に白の九曜紋入ったる羽織を着し、得物得物を輝かせ、手柄をたてんとおめいたり。

そのとき物見が駆け戻ってきた。

「敵が迫っております。全員が赤装束を身につけております」

「なに赤装束だと。さすれば、かねて聞く後藤又兵衛の軍に違いあるまい。南無八幡大菩薩、愛宕山大権現もご照覧あれ」と兜の緒をしめ、駆け出し見れば、朝霧の中から真っ赤な塊《かたまり》が近づいて来る。その数二千六百。伊達軍の前方にいた徳川方の武者たちが蹴散らされていく。

「者ども、伊達のつるべ撃ちじゃ」

百挺の騎馬鉄砲隊が五段に並んだ。

「撃て」

勝ちに乗じて猛進してきた後藤隊の先頭が次々と倒れるも、勇壮な後藤隊

【黒糸緘の鎧】黒糸で小札を結び合わせた鎧

【錣】兜の後ろに垂らし、頸部を守るもの

【八寸に余れる】馬高百五十センチあまりの大型馬

【馬上筒】騎馬武者が片手で用いる鉄砲

【後藤又兵衛】豊臣方の猛将

【照覧】神仏がご覧になること

の勢いはとまらない。しかし騎馬鉄砲隊は列を変え、さながら連射銃のごときに三段、四段、五段と撃ち続けた。

硝煙のにおいと火縄銃の煙が当たりを覆う。馬ごと倒れ、ようやく立ち上がった後藤隊はそのとき、恐怖で目を見開いた。もうもうと立ちこめる煙の中から馬上筒を背に負いなし、長槍を手にした片倉隊が突っ込んできた。その間髪を入れない疾風怒濤の攻撃こそ、名に負う騎馬鉄砲隊の真骨頂である。

又兵衛も馬を失い、徒立ち《かちだ》になって叫んだ。

「おじけづくな。わしに続け。伊達の田舎侍などひともみじゃ」

身の丈七尺。赤糸嚇しの大鎧。豪傑髭を震わせ当たりに響く大音声。槍振り乱す姿は三国志の関羽・張飛が下り立つごとし。

伊達の先鋒が次々と槍の餌食になっていく。

自分の家臣が次々と打ち倒されるのを見た小十郎重綱。再び騎馬鉄砲隊に発砲を命じた。入り乱れて戦う中での銃身の短い馬上筒。過たず後藤又兵衛の胸を打ち抜いた。

どっと崩れ落ちる又兵衛。

「又兵衛討ち取ったり、討ち取ったり」の声が戦場を駆けめぐった。

勢い付いた片倉隊はじめとする伊達軍、薄田隼人《すすきだはやと》、山川賢信《やまかわかたのぶ》、明石掃部《あかしかもん》ら豊臣方の諸将と壮絶な死闘を繰り広げたが、さしもの伊達軍も早朝から七時

【硝煙】
火薬の煙

【徒立ち】
足で立ち上がること

【七尺】
約二百十センチ

間に及ぶ激闘、疲労の色が濃くなってきた。

　そのとき天地に轟くばかりの大音《おんな》上げ、砂煙土煙駆け立てて攻めたて来たるは、白地に六文銭《ろくもんせん》の旗印。その名も高《たっか》き名将真田幸村《さなだゆきむら》。その日の幸村の軍装見《いでたち》てあれば、左《ひんだり》の袖は赤糸、右の袖は白糸の源平嚇《げんぺいおど》し縫い染めの胴丸。つむりには六文銭の前立て物。銀鹿角《かのつの》の脇立てなしたる五枚錣の兜を頂き、背には黄羅紗陣羽織を取ってかけ、腰には五郎正宗の陣刀を帯《たい》し、右手《めて》には表は金地に月の丸。裏を返せば秋の七草を描いたる軍扇を携え、乗り出《いだ》したり、乗り出したり。

　盟友、後藤又兵衛、薄田隼人を討たれ、怒り狂う真田幸村。たちまち徳川方は蹴散らされて行く。

「退け、退くのだ」と下知したのは伊達政宗。相手は後藤、薄田の両将を失い手負いの獅子同然。こういうのが一番危険と察知した政宗。

　ところがこの時、軍令を無視し、真田隊に猛然と突っ込んだのが片倉小十郎重綱の部隊。

「鉄砲隊、前に出よ。撃て」

　後藤又兵衛を打ち倒したつるべ撃ち。快進撃を見せていた真田隊がばったばったと倒れる。立ちこめる煙の中、幸村の下知《げち》が響いた。

「伏せて耐えよ。槍を放すまじ」

　そうしてそのまま匍匐《ほふく》前進をさせ、片倉隊との距離を二町までつめさせた。

【六文銭】
六つの銭が並ぶ真田家の家紋
【真田幸村】
豊臣方の中心武将。「日本一の兵《つわもの》」と評された
【源平嚇し】
紅白の糸で鎧の札をつづること
【胴丸】
胴の周囲を覆った鎧の一形式
【つむり】
頭の古い言い方
【黄羅紗陣羽織】
黄色の毛織物で作った戦場着
【下知】
命令
【匍匐】
這って行くこと
【二町】
約二百二十メートル

鉄砲を槍に持ち替え、立ちこめる煙の中、突っ込んでいった片倉隊は驚いた。目の前に突然立ち上がった槍衾《やりぶすま》。騎馬の陣形が崩れ、後は両軍入り乱れての大乱戦。

大将片倉小十郎重綱、自ら名刀大原真守《さねもり》を振りかざし振りかざし切りまくった。初めの二将は馬上での一騎打ちの末、首を切り落とし、三人目は打ち捨てにした。そこへ現れし豊臣方の猛将、乱戦の最中、互いに名乗りもせずに組合いになった。すでに戦うこと八時間、小十郎重綱も体力の限界。相手に馬乗りで押さえつけられ今まさに首をかき切られんとする。

「南無三《なむさん》、これまでか」と小十郎が目をつむった。そのとき駆けつけ、馬乗りの武者の腕をねじり上げた男が二人。

奥州白石城の北方、小原郷《おばらきょう》の野伏《のぶ》せあがりの徒《かち》、小室惣右衛門《そうえもん》と彦七郎の兄弟である。

「でかしたぞ、すぐにどかしてくれ」

「若殿よ、この急場じゃ。いくら出す」

「馬鹿者、わしは主《あるじ》であるぞ、早くどかせ」

「ただではなあ。やんだければ、この手をはなすだけじゃ」とあきれたことに主人を脅して銭勘定。

「わかった。わかった。いくらでも出す。早く上の男を討ち取ってくれ」

【槍衾】大勢の者が隙間なく槍を構えること

【南無三】突然起こったことに、驚いたり、しくじったりした時発する言葉

【野伏せ】山野に隠れ、追剥などを行う農民の武装集団

【徒】歩兵

「二人で五貫文《ごかんもん》でどうじゃ」

「高すぎるー」

「んではだめじゃ」と二人がなんと重綱に跨っている男の上におっかぶさるように乗っかり、ぎゅうぎゅうぎゅうと押しまんじゅう。

一番下の重綱、

「苦しーい。わかった、わかった。五貫払う」

「殿様に二言はあるまいぞ」と、跨《またが》っていた男を引っぺがし、首を伐ち、ようやく主人の危急を救った。後にこの兄弟、約束どおり二貫五百文ずつ賜り、片倉家の正式の家臣となったそうだが、子孫は代々「二貫五百」のあだ名で呼ばれたと言う。

この夜、重綱はその活躍を聞いた大御所《おおごしょ》家康の陣中に呼ばれた。

拝謁するその姿は、昼間の激戦のまま。陣羽織はズタズタに切り裂かれ、刃こぼれして鞘に収まらなくなった名刀大原真守を抜き身のまま手に提げ、髪はおどろに振り乱したまま。

その姿を見た家康。膝を乗り出し、

「天晴れじゃ。そちの姿こそまことの鬼じゃ。小十郎ではない。鬼の小十郎じゃ」と激賞し、手ずから家康愛蔵の金の扇を授けたという。

一方、しんがりをつとめ、大坂城へ撤退した幸村。


【五貫文】

現在の価値で約六十万円

【おどろ】

もつれ乱れる様

【手ずから】

直接自分の手で

【しんがり】

撤退する部隊の最後

蝋燭のゆらめく明かりの中、槍を抱えたまま床にうずくまり、つかの間の休息をとっている部下を見やって目をつぶった。

「もはや豊臣方の勝利はあるまい。今日の戦で秀吉公への義理は十分果たした。あとは武門の誉れを汚さぬよう華々しく討ち死にするまでじゃ。じゃが心残りは我が娘阿梅《おうめ》。乱戦のさ中、雑兵《ぞうひょう》の餌食にするには忍びない」

しばし黙考していた幸村、筆をとり一書をしたためた。

「真田左衛門佐《さえもんのすけ》幸村、謹んで申し上げげん。我に一女子あり。名を阿梅。十四歳の花の蕾。我が掌中の珠にひとし。しかるに落城も近く、このまま城と共に砕けんこと忍びず。幸村思えらく本日の戦を見るに、徳川方の中にて知勇兼備の将、片倉小十郎重綱殿に如《し》くはなし。我が女子を託するに足ると信ず。願わくば我が子女を救いたまえ。武士《もののふ》の哀れにすがらん」

密書を受け取った小十郎重綱、「諾《だく》」と返事をしたのは言うまでもない。武士は武士の心を知るという。戦場の命と命のやりとりの中で紡いだ二人の絆。その絆は新たな糸を生みだし、真田の血筋は遠く奥州白石に根付くことになるのでありますが、その後のことにつきましてはまたのお話ということで、本日は『鬼小十郎見参』と題しまして、片倉小十郎重綱が日本全国の大名に、その人有りと知られるようになった大坂夏の陣のこぼれ話、読み終わりといたします。

【掌中の珠】大切なものや最愛の子のたとえ
【思えらく】思うことには
【如くはなし】及ぶものはない
【諾】承知する

もっと知ろう「片倉小十郎重綱」

まず宮城県白石市にある復元された白石城と併設された歴史探訪ミュージアムを訪れてみましょう。釣鐘の馬印など片倉家ゆかりの品々を目にすることができます。ミュージアムには立体ハイビジョンシアターがあり、「大坂夏の陣秘話・鬼小十郎帰るに及ばず」が上映されており、講談の世界を映像で見ることができます。なお彼の鎧は仙台市博物館に常設展示されています。

また毎年十月の第一土曜日に、城内で「鬼小十郎まつり」が行われ、全国から集まったエキストラによる「道明寺の戦い」シーンの再現や宮城県に伝わる古式の片倉鉄砲隊による演武が行われます。エキストラは誰でも応募することができます。

阿梅の墓は白石市本町の当信寺にあり、見学できます。

（片倉家馬印）

コラム① 講談の歴史

講談というもの、落語より歴史は古く、江戸慶長年間、赤松法印という方が、家康に『太平記』を講釈したのが始まりだと言われています。そういった歴史がありますので、講談師のことを講釈師と言ったりもするわけです。

江戸時代には、結構な人気商売。軍談物でわくわくさせ、仇討ち物ではらはらさせ、出世話で喜ばせ、おひねりザックザック。うらやましい商売であったようです。明治の初めには東京だけで。四百人もの講釈師がいたそうです。

この人気商売に陰りが出てきたのが明治の終わり。新しく登場した浪曲や活動写真の登場で、次第に講談のお客様は減って行ってしまいました。それでも昭和初期までは、まだラジオなどでの出番が多かったのですが、戦後、講談はすっかり逆風にさらされてしまいました。それは、日本を占領、管理していました連合軍総司令部（ＧＨＱ）によって、「戦意発揚につながるような話」は、演じたり、出版したりすることは禁じられてしまったからです。「仇討ちの話などもってのほか、武士や刀が出てくる話はもちろん、親孝行などの話もいかん」という具合で、講談はすっかり演じる機会が少なくなってしまいました。

昭和四十年代には、プロの講談師は全国で二十四名まで減ってしまいました。「国の特別天然記念物なみの絶滅危惧種」などと言われる時期もあったのですが、昭和五十年代から女流講談師が数多く誕生し、現在は、プロの講談師の数は、東西で約九十名と復活の兆しを見せています。

令和に入りまして、神田伯山、宝井琴鶴などの若手実力者が真打ちとなり、今後が楽しみな時代を迎えています。

六、残った残った秀の山

江戸末期、第九代横綱となった気仙沼出身の秀の山雷五郎。身長百六十四センチ。大相撲史上最も小さな横綱。彼がこの地位に登り詰めるまで多くの障壁があった。それを一つ一つ乗り越え、ようやく三十七歳で横綱に。しかし彼に襲い掛かる運命の荒波がさらに押し寄せた。その困難も乗り越え、親方としても大成する。彼の銅像は太平洋に手を差し出すように気仙沼市岩井崎公園に凛《りん》として立っている。あの東日本大震災で押し寄せた津波にも流されずに。

二〇一一年三月十一日午後二時四十六分、大きな揺れが東日本一帯を襲った。宮城県気仙沼市岩井崎公園、気仙沼市内から南に十キロほどくだった風光明媚な景勝地。波蝕《はしょく》によって削られた石灰岩の奇岩が連なり、北には大島、南には牡鹿半島や金華山、正面には茫漠《ぼうばく》と真っ青に広がる太平洋。夏にはオートキャンプなどでにぎわう絶景ポイント。しかし沖合は岩礁が多く、古来、

【波蝕】波が陸地や岩を削ること

船の座礁が多く、古くは地獄崎とよばれたそうな。伊達家五代藩主伊達吉村公が「地獄では縁起が悪い」と「いわい」と改名させたそうだが、午後三時十一分、その名のごとき地獄と化した。

東北東から押し寄せた津波は、数万の武者が砂煙あげ、雄たけびあげるがごとく押し寄せてきた。ベンチや東屋《あずまや》はあっという間に蹴散らされ、後方の松林が次々となぎ倒されていく。公園は水没し一瞬の静寂があたりを覆った。そして次の瞬間、本物の地獄が襲い掛かった。真っ黒い壁のような新たな津波がゴーと音をたてながら突っ込んできて公園を襲った。新たな大波は引き波とぶつかり、すさまじい水しぶきが飛び交った。まさにわだかまる龍が鳴動し激するがごとく。南から仰向けになった漁船がぶつかりながら流れ込む。北からは五百メートルほど離れた三階建ての水産加工場の大屋根が、ものすごい勢いで突っ込んでくる。

そして、公園は沈黙の夜を迎えた。

二日ののち、ようやく水は引いた。命からがら高台に逃げ延びた人々が見たものは変わり果てた故郷の姿だった。人々はその中から連絡が途絶えた母や父や、夫や妻や、我が子の手がかりを探そうと、泥や流木や折れ曲がった鉄骨やめちゃめちゃにひしゃげた車と格闘を始めた。五日目、岩井崎の公園を探していた近くの住民は驚いた。公園の中央にあった秀の山の銅像があの

【茫漠】広くてとりとめのない様子

【東屋】柱だけで壁がない屋根を四方にふき下した小屋

【わだかまる】とぐろをまく

津波にもびくともせず、押し寄せた杉や松の流木にも押し倒されずがれきの中に凛と立っていたのだ。

秀の山とは第九代横綱秀の山雷五郎。

生まれは文化五年と申しますから、西暦で言えば一八〇八年、陸前国本吉郡階上村《こおりはしかみ》、現在の宮城県気仙沼市最知川原《さいちがわら》に百姓久吉の五男として生まれ、幼名を辰五郎と申しました。幼いころからずんぐりむっくりの体形。胴にめりこんだような首、太く短い足。その足でがにまたに歩く姿は「辰ではねえ、蟹っこだ」と馬鹿にされたそうな。しかし力は誰にも負けず、十四歳のころには五斗俵を両手にぶら下げて歩いたという。

そんな辰五郎ですから「おらあいつまでも百姓などしてらんね。相撲取りになるだ」とひそかに猛特訓。

裏山の榎《えのき》の巨木を相手に「はっけよい残った。辰五郎正面からぶち当たり一気に押す。榎山残った。辰五郎すかず前みつをとって土俵際に、榎山、根が張ったように動かない。ついに水が入り引き分けー」と一人で実況中継しながらやっていると、榎の枝葉が風に吹かれてヒャラヒャラヒャラヒャラ。「くそ笑ったな。もう一番」と榎めがけてまたもや猛進。巨木相手に押したり引いたりひねったり。

するとと突然後ろから「がっはっははは」とがちょうのような笑い声。

【五斗】
約七十五キロ

【前みつ】
まわしの前方の部分

「誰だ」と振り向くと、髷《まげ》は結っているものの、赤ふんどしに、黄色のちゃんちゃんこ。肌は赤銅色。腕や胸の筋肉がもっこもっこの若い男が立っている。

「このあたりで見ねえやつだな。髷のかっこうをみるとおめえはすもーとりか。人間であってもすもーとりとはこれいかに」

「獣であってもおおかみというがごとし」

「一本でもにんじんとはこれいかに」

「二足でもサンダルというがごとし」

「本当にいる鳥なのにウソと呼ばれるのはこれいかに」

「だましもしないのにアオサギと呼ぶ鳥のごとし。わしは江戸への廻船の荷揚げ人だ。自慢じゃねえが、元は力士よ。小僧、相撲が好きか」

「ああ好きだとも。おら江戸へ出て相撲取りになりてえだ」

「そうか、ならばいいことを教えてやろう。相撲の基本は四股《しこ》とてっぽうじゃ。それを稽古せい」

「だけどおらいの家さ、鉄砲などねえぞ」

「てっぽうというのは突っ張りのことだ。あの榎相手に毎日やってみろ。榎がおめえのてっぽうで枯れ始めたら江戸さあがってみろ」とアドバイス。

さあそれからは辰五郎、毎日毎日、雨が降る日も風が吹く日も一日三度榎

【廻船】貨物などの海上輸送する船

【四股・てっぽう】25ページ参照

に向かってててっぽうを繰り返した。そうして二年後、榎が枯れだしたのを見た辰五郎、家出同然に故郷を飛び出し、江戸へ出た。

時は文政七年と申しますから、西暦で言えば一八二四年三月。辰五郎十六歳。空っ風の中、江戸の相撲部屋をめぐるも、どこも門前払い。当時は寛政からの相撲人気で、入門希望者が殺到。五尺あまりと言いますから、身長百五十五センチくらいの辰五郎に興味を示す部屋はない。

傷心の辰五郎、故郷へ戻ろうと致しましたが、路銀もつき、足利の八木宿油問屋成田屋の前で行き倒れ。

「旦那はん。店先に着物を着た味噌樽が転がっております」

「番頭さん、その味噌樽ってのはなんだい」

「へえ、丈は五尺、胴回りはたっぷり四尺。目方は三十貫はありますな。樽みたいな男でやす。えれえ汚れておりますだ」

主人の高木源左衛門、出て行ってみると、辰五郎が腹をすかして動けなくなっている。

「こんな男にここで動かなくなられても、困ってしまう。お櫃《ひつ》をもってきなさい」

「えっお櫃ごとですか」

「これだけ太っているんだ。茶碗の一杯や二杯ではだめだろう。それと塩と

【路銀】旅の費用

【三十貫】約百十キロ

【お櫃】ご飯を入れる木製の容器

桶に水じゃ」

「べこっこの食事みてえですな」

「つべこべ言わずに持ってきなさい。きっとがつがつ食べてのどにつまらせるから」

さあお櫃が運ばれて来ると、辰五郎、食べるは食べるは。しゃもじを持つ手は右からすくって左に抜け、飛龍、逆龍、波まくり。形は見えても目にも止まらず。のどにつまれば「すーうわや」と水を飲むこと三回。とうとう一升飯を食べつくした。

辰五郎、ようやく生気を取り戻し、

「だんなはん、まことに恩にきます。おかげで生き返りました。なんでもやりますのでしばらくおいてくだせえ」とお願いした。

店ではちょうど油絞りの時期、菜種を石うすで絞るのだが、人手が足りない。三人がかりで挽《ひ》く石うすを辰五郎はたった一人で挽いていく。

「これはこれは、えらい助っ人を手に入れた」と主人源左衛門は上機嫌。

さて油絞りも一段落した五月の下旬、源左衛門は辰五郎に声をかけた。

「辰五郎や、おまえほどの力がありながら、どうしてあんなに食い詰めていたんだい。駕籠かきでも荷揚げでもやれただろうに」

「へい、だんなはん。そのとおりなんですが、あっしは相撲取りになりたく

【飛龍、逆龍、波まくり】講談の常套表現。猛烈なスピードで動き回るさま

【すーうわや】22ページ参照

【駕籠かき】駕籠をかつぐ人夫

て江戸へ出てきたんです。だけども、どこの部屋でもあっしの背丈ばみると門前払いなんです。力は誰さも負けねえど思うんですが」

「そうだったのかい。それは気の毒だ。よし分かった。お前さんの力の強さとまじめさはわしも認める。ちょうど良い。うちの成田屋の油を納めている茅場町《かやばちょう》の井筒屋さんの旦那さんは、秀の山親方と昵懇《じっこん》だそうだ。今度江戸へ出たとき話をしてあげよう」

辰五郎は、嬉しくて嬉しくて雲にも上るような気持ちで、源左衛門の帰りを待っていた。

ところが帰ってきた源左衛門の顔はぱっとしない。

おそるおそる聞いてみると、

「井筒屋さんに話をしたんだが、首をひねってなあ。五尺ではなあ、せめてあと三寸は大きくねえとと言うんだ。お前はまだ十六歳。二、三年たてばもう少し大きくなっかもしんねえ。とにかくいいということはみんなやってみろ」

さあそれを聞いた辰五郎の涙ぐましい努力が始まった。まずは鴨居にぶら下がり背中を伸ばす。背だけではだめだとあごにもひもをかけて首も伸ばそうとしたが、ひもがずれてあやうく首をつりそうになり挫折。紅毛人は牛の乳を飲むから大きいんだと聞きつけ、樽にしぼり一気に飲むも、飲みなれな

【昵懇】

親しく付き合うこと

【鴨居】
障子などをはめる溝をつけ、上に渡した横材
【紅毛人】
西洋人のこと

い牛乳。たちまち腹をこわし挫折。頭にこぶを作ればと言われやってみたが、一週間もすると元の木阿弥。とうとうこぶじゃだめだ。たこをつけよということで、店の小僧に毎日、樫の棒でたたいてもらう。最初は毎日、頭から血を流していたが、一か月もすると、出血しなくなった。触ってみるとなんだか固くなっている。これはいいぞと測ってみるとほんの僅かだが前より少し大きくなっている。

こうして二年間、毎日毎日ペッタンペッタンしてもらう、その甲斐あって、二年後には五尺三寸となり、めでたく秀の山部屋に入門が許された。

文政九年、辰五郎十八歳のことである。

しかし入門しても雑用ばかりで土俵にもあがらせてもらえない。仕方がないので、てっぽう柱相手に一人でぶつかり稽古。背を高くするため頭にたこを作ったのが無駄にならなかった。頭からてっぽう柱にぶつかって行っても血を流さない辰五郎の頑丈さを親方が認め、ついに文政十一年三月、北山辰五郎の名で前相撲にあがった。小兵《こひょう》ながら頭からぶちかまし、豪快な勝ち方もするが、なんせ縦と横の幅が同じくらいの体型。横の動きについていけず勝ち星が伸びない。それでもその気風《きっぷ》の良い相撲が気に入られ、雲州《うんしゅう》藩のお抱えとなり、名を天津風雲右衛門《あまつかぜくもえもん》と改名。時に辰五郎二十四歳。

これが辰五郎の転機となった。雲州藩お抱えには、後に八代目横綱不知火《しらぬい》

【元の木阿弥】一度は良くなったのが、元の状態に戻ること

【てっぽう柱】突っ張りなどを稽古するための柱

【前相撲】まだ番付に名前があがらない者がとる相撲

【気風の良い】性格が男らしくすがすがしいこと

【雲州藩】出雲にあった松江藩の別称

（現在も土俵入りの型の一つになっている、双手《もろて》をあげてせりあがる不知火型を始めた名横綱です）となった黒雲《くろくも》という若者がいた。彼はすでに大坂相撲で大関まで上り詰めた男。この黒雲と切磋琢磨することで、じりじりと番付をあげていった。二十七歳で十両、二十九歳で入幕、三十一歳で初優勝。小結、関脇と昇進し、この間三十連勝を記録したという。三十歳を過ぎても、その怪力と闘志はますます盛んで、三十三歳で大関に昇進し、「秀の山」を襲名。そして弘化二年、西暦一八四五年。辰五郎三十七歳。優勝六回、幕内成績八十八勝十四敗の好成績が認められ、第九代横綱「秀の山雷五郎」となったのであります。身の丈五尺四寸と申しますから約百六十四センチという大相撲史上もっとも小兵の横綱が誕生した。

このように何度も厚い壁にはね返されそうになりながらも、土俵際、残って残って、十九年かかって横綱の栄光を手にしたのでありますが、そのまま安泰というわけにはいかなかった。引退後またもや土俵際に追いつめられる。

一八五一年、嘉永四年、尊皇攘夷《そんのうじょうい》運動が吹き荒れていた頃であります。大相撲の歴史上、初のストライキ「嘉永事件」が起きてしまう。

「なんだなんだ、今場所の組み合わせをみたかい」

「ああ、見た。あれはなんだ。俺は三日に一日しか土俵がねえぞ」

「おまえはまだいい。おれなんか四日に一度だ」

【尊王攘夷】
朝廷を敬い、外国人を追い払うこと

「いっぺ休めていいじゃねえか」

「おめえは腹だけ出て、頭さあんこねえのか。相撲とる回数減ったら、幕内に上がるのが遅れてしまう」

「だけどもこのごろ相撲人気で弟子が一杯集まってきてんだからしょうがねえべ」

「みんな平等だったら文句はねえ。こいつを見てみろ」

「ありゃりゃ、秀の山部屋のやつらだけ、今までどおり一日おきに土俵があるぞ」

「わかったか、ひいきだ。番付組んでるのは秀の山親方だ。自分の弟子だけ多くとらせているんだ」

「やってらんねなあ」

「んだんだ、皆で会所《かいしょ》に訴えっぺ」

ところが幕内前の若い力士たちのいうことなど耳を傾けてくれない。

「よしこうなったら皆で出ねえことにすっぺ。秀の山部屋のやつらだけでは相撲とれねくなる」

さあ秀の山部屋以外の若い力士たちが本所回向院《ほんじょえこういん》に立てこもり場所を欠場。ところが会所は、彼らの取り組みを抜かして場所を続行。

「こりゃおれたち切り捨てられたんだ。こうなたっら秀の山殺して蓄電《ちくでん》する

【あんこ】脳みそを意味する方言
【会所】現在の相撲協会にあたる組織
【回向院】東京都墨田区両国にあるお寺
【蓄電】逃げて姿をくらますこと

しかねえ」と手に竹やりを持ち気勢をあげ始めた。

「秀の山、今行くぞ。首をあらって待ってろ」

この期に及んでさすがに親方衆も驚き、秀の山を説き伏せ、回向院に出向かせた。

頃は二月の半ばとて梅は散れども、早咲きの桜がほころび始めた回向院の庭。大勢の竹やりやこん棒を持った若い力士に囲まれた秀の山雷五郎。いきりたつ男たちを前にして深々と頭を下げた。

「あっしのせいで難儀をかけした。許してくんねえ」

その潔さが逆に男をあげた。こののち秀の山部屋には入門者が殺到。その中から「負けずの陣幕《じんまく》」と称され、谷風《たにかぜ》に並ぶ勝率九割四分一厘をあげた名横綱陣幕久五郎など多くの門弟を育て上げた。

昭和六年、地元気仙沼に秀の山の記念碑が建てられ、同六十三年には等身大の銅像がそのそばに建立された。

身長百六十四センチ、体重百六十一キロの豆タンクのような像はあの津波にも負けず右の手をまっすぐ太平洋に向けて立っている。今、押し寄せる波を止めるがごとく仁王立ちするその姿は、復興に向けて困難に立ち向かう気仙沼の人々に新たな勇気を与えている。

『残った残った秀の山』の一席読み終わり。


【豆タンク】

小型戦車の俗称

もっと知ろう「秀の山」

気仙沼市波路上岩井崎にある岩井崎公園に秀の山の等身大の銅像が海に向かって立っています。岩井崎公園は潮吹き岩や津波に流されずに残った龍の松など見どころも多いです。

ついでに気仙沼市東日本大震災遺構・伝承館まで足を伸ばしてみましょう。津波の威力のすさまじさが実感され、銅像が残ったことに改めて驚かされます。

彼の墓は、東京都江東区の普門院と岩手県一関市の願成寺の二か所にあります。

（海を向く秀の山像）

七、言葉の海へ　大槻文彦

仙台藩領であった一関を本籍とする大槻文彦《おおつきふみひこ》。仙台藩校養賢堂で学ぶも、時は幕末の動乱の時代。その裏に西欧諸外国の圧力を見た文彦は「日本が外国に支配されない真の独立国家になるために働こう」と誓った。そんなとき文部省から「日本語の辞書を作れ」という命令。引き受けたものの模範となるものはなく、目の前に広がる言葉の海。その大海にたった一人で立ち向かった大槻文彦。その十七年にわたる苦難と偉業が今明かされる。

明治二十四年六月二十三日午後四時。朝から晴れ渡った若葉と紫陽花《あじさい》のさわやかな季節。東京湾を望む高台にある芝公園の紅葉館《こうよう》には、次々と馬車や人力車が到着した。

まんず第一番に登場したのが枢密院《すうみついん》議長伊藤博文《いとうひろぶみ》。その出《い》で立ち見てあれば、シルクハットに燕尾服《えんびふく》。胸には輝くばかりの勲章をつけ、軽やかにステッ

【枢密院】明治憲法下で天皇の最高諮問機関
【出で立ち】身なりのこと

キを持つ姿はさすがは明治の大元勲《だいげんくん》。続く二人は勝海舟《かつかいしゅう》に榎本武揚《えのもとたけあき》。戊辰《ぼしん》の役《えき》では、幕臣の重鎮であった二人も、片や伯爵、片や子爵、外務大臣と、今や新国家の大中枢。さらにはさらには学界からは帝国大学総長加藤弘之《かとうひろゆき》、理科大学学長菊池大麓《きくちだいろく》。新聞社からは読売新聞主筆高田早苗《たかださなえ》、報知新聞主宰者矢野龍渓《やのりゅうけい》。そして若き日に仙台藩にて苦楽を共にし、本日の祝賀会の発起人、元日本銀行総裁富田鉄之助《とみたてつのすけ》など。いずれもいずれも晴れがましき出で立ちと言うには言葉も足らず。

そしてここに一人の男が壇上に招かれた。しかとした肩書きも持たない四十五歳の初老の男。薄くなった頭髪。もみあげには白いものがまじり、決して偉丈夫《いじょうふ》にはあらず。しかし眼鏡の奥の瞳は炯々《けいけい》と澄み渡り、引き締まった口元にはいかなる困難をも乗り越える強い意志がみなぎっている。

男の名は大槻文彦。生まれは一八四七年と申しますからペリー来航の六年前、まさに激動の時代にさしかかろうとするとき、江戸木挽町《こびきちょう》に大槻磐渓《おおつきばんけい》の三男として生まれた。父磐渓は西洋砲術も学んだ開明的な当代随一の漢学者。祖父は蘭学者大槻玄沢《おおつきげんたく》。『解体新書』を翻訳した杉田玄白《すぎたげんぱく》、前野良沢《まえのりょうたく》の教えを受け、蘭学を開花せしめた人物。元一関藩藩医。現在大槻家発祥の地であります一関の駅前に大槻三賢人像が建てられておりますが、これは当時の時代にあって、いち早く海外に目を向け、日本の国の将来を憂え行動した玄沢・

【大元勲】明治維新で大きな勲功があった人の中でも、極だって功績の大きかった人をさす

【戊辰の役】一八六八年から翌年に行われた明治新政府と旧幕府軍の戦い

【偉丈夫】体格のりっぱな堂々とした男子

【炯々】眼光が鋭い様子

【一関藩】仙台藩の分家にあたる

盤渓・文彦の大槻三代を顕彰したものです。

そのような開明的な一族の血を引いた文彦でありますので、幕末の歴史の荒波に否応《いやおう》なく飲み込まれ、まさに波瀾万丈《はらんばんじょう》の青年時代を送った。

五歳から家学《かがく》である儒学と詩文を習い、移り住んだ仙台では仙台の藩校養賢堂《ようけんどう》にて英語と蘭学を学んだが物足りなく、当時勝手に立ち入ることができなかった外国人居留地の横浜に潜入し、アメリカ人バラーから直接英語を学んだ。慶応三年、大政奉還の報。二十歳になった文彦は京都の情勢を探るべく、仙台藩江戸留守居役大童信太夫《おおわらしんだゆう》の随行員として上京する。若き文彦が抜擢《ばってき》されたのは、外国人から情報収集するための語学力があったことはもちろんであるが、何より尊皇攘夷《そんのうじょうい》に慎重な仙台藩は薩長勢力から目の敵《かたき》にされており、

「おはんはどこから来やったとな」と聞かれ、

「そだらごどきぐおめえさまはだれっしゃ」などと仙台弁丸出しで答えては、すぐに斬りつけられかねなかった。

その点、江戸育ちで訛《なまり》がなかった文彦は、京都内外で情報収集するにはうってつけだったのであります。

そんな中で鳥羽伏見《とばふしみ》の戦闘に巻き込まれ、砲弾の下をかいくぐった文彦は、その大砲や銃弾がすべて外国から提供されたもので、幕府や薩長の後《うしろ》にイギ

【家学】

ある家で代々受け伝えている学問

【大政奉還】

幕府が朝廷に政権を返還したこと

【江戸留守居役】

江戸において幕府との取次ぎを行う職

【尊王攘夷】

70ページ参照

【鳥羽伏見の戦闘】

戊辰の役の緒戦

リスやフランスがいることを目《ま》の当たりにした。

「この戦争は長引く。どちらが勝っても、外国は戦費の補償を要求するだろう。しかし金はない。それならば蝦夷地《えぞ》をいただこう。九州をいただこうということになりかねない。この後どちらが勝つかわからないが、自分は日本が外国に支配されない真の独立国家になるために働こう」と誓いを立てたのであります。

二十二歳の大槻文彦。自分の将来が、まだどんなものになるのかは知る由《よし》もありませんでした。

その彼が今、段の上にいる。来賓の祝辞を聞きながら、十七年に及ぶ国語辞書編纂《へんさん》作業の苦労が走馬燈《そうまとう》のようによみがえってきた。

二十八歳の時であった。宮城師範学校の校長であったとき、突然文部省報告課へ呼び戻された。

課長の西村茂樹《にしむらしげき》は言った。

「日本語の辞書を作ってくれ。アメリカではウェブスター辞典、食べ物ではロブスター。イギリスではオックスフォード辞典、食べ物ではオックステールスープ。その国の言葉や食は民族の証《あかし》。自国語の辞書は独立の基礎にして標識だ。それを君にやってほしい」

「しかしすでに世の碩学《せきがく》を集め辞書作りをはじめていたのでは」


【蝦夷地】

北海道のこと

【由】

方法・手段

【走馬燈のように】

様々な記憶が次々とよみがえる様

【師範学校】

教員を養成する学校

【碩学】

学問が深い人

「それがねえ、さっぱりできないんだ。まだまだかかるかなあ、やつら何にも言わずに笑っているだけだよ。ほんとこまっちゃうなあ。まったく三年かかって、まだ『え』の項までしか進んでいない。何より日々新語があふれてくるのに、彼らはそれらを全く無視して、和歌の枕詞だの仏典の言葉などばかりこだわっている。このままではできあがるのは五年寝かせたタクワンのようなもの。俺が期待しているのは新時代の歌を作り出すような新しい言葉を集めた辞書なのだ。どうだやってくれるか」

「でも、私は国語学者ではありませんが」

「それがいいのだ。君は大槻家の人間として、漢文や古典に深い知識がある。それでいながら外国のことをよく知り、英語も理解する。その新しい視野が必要なのだ。新しい辞書こそが新しい日本の夜明けとなるのだ」

文彦の頭の中にまぶしい光が飛び交った。

「朝だ、朝だ、日本の夜明けだ。おれの作った辞書がよそに負けぬ日本を作るのだ。よーしやるぞ」

しかしやり始めてみると、それはまさに混沌《こんとん》とした言葉の海。どの語を載せるのか。どんな説明をつけるのか。いったいその語の語源は何なのか。

ある時、汽車で同席した田舎じみた年寄りがおにぎりを床に落とした。

「あらあ、いだましいごだ」とつぶやいた。

【混沌】物事の区別がはっきりしない様

それを耳にした文彦、矢継ぎ早の質問。

「ご老体、いまほどの『いだましい』とはどのような意味で」

「なるほど、『いだましい』は悲しい、残念の意か。ならばその語源は古語の『いたはし』ではないか」とすぐ手帳に書き付けた。

そうやってメモしていった手帳は三十冊、四十冊、五十冊。毎月の書籍代は十円、二十円、三十円。当時の一円は今の二万円ほどと申しますから大変な額でございます。文彦は気になる本があったらすぐに買えるように、今日の数十万円にあたる金をいつも懐に入れていたそうであります。

そんなある日、文彦は慶應義塾を創立し、教育活動に専念していた福沢諭吉《ふくざわゆきち》の元に挨拶に出向いた。諭吉はアルファベットのVの音を示すため、ウにテンテンをつけた「ヴ」を考案するなど、言語活動には一家言《いっかげん》ある人物。

「やあやあ結構なものをこしらえているそうですな」と大変機嫌の良い諭吉。

「先生がお作りになった『自由』という言葉も入れようと思ってます」と大先輩をよいしょする文彦。

ところが文彦が作っている辞書の語順が五十音であることを知ると、

「きみ、寄席《よせ》の下足札《げそくふだ》が五十音でいけますか。そりゃいかん。いろは順にすべきだ」とたちまちご立腹。頭の中は開明的な思想の持ち主の諭吉をして、長年親しんだ身体感覚からは離れられないのである。文彦は改めて国語辞書

【矢継ぎ早】物事を続けざまに手早くすること
【一家言】ひとかどの見識ある意見
【よいしょ】相手をおだてること
【下足札】脱いだ靴の預かり札。寄席では伝統的に「いろはにほへと」を使用していた

作りの困難さを思い知らされるのであった。

このように苦労して集めた語、三万九一〇三語。語義も一つ一つ吟味した。「ねこ。人家に養う小さき獣。温順にして馴《な》れやすく、能《よ》く鼠を捕《と》らふ。然《しか》れども窃盗の性あり。形、虎に似て二尺に足らず。眠りを好み、寒さを畏《おそ》るといたれりつくせりの説明。

そうして明治十九年、文彦四十歳。ついに国語辞書『言海《げんかい》』の草稿ができあがり、文部省に納められた。ところが待てど暮らせど辞書の出版の話はない。文彦は役職を解かれ自宅待機の身。気抜けした日が続く。辞書編纂を命じた西村茂樹もすでに文部省を去っており、何がどうなっているのかさっぱり分からない。悶々《もんもん》とした月日を過ごすこと二年。突然の呼び出し。自費で出版するならば草稿を返却するとの話。もはや陽《ひ》の目を見ないとあきらめかけた『言海』である。思い定めて起こした我が仕事。自費出版でも本にできるならありがたい。

翌日から再び、いや今まで以上の奮闘の日々が始まった。

幸い、資金は富田鉄之助や同郷の友らが応援してくれた。販売元も確定し、辞書は四分冊にし明治二十二年三月から予約出版することとなった。ところが二年ぶりにあらためて原稿を見てみると、手を加えたいところが目に付く。

「もう一回検討しよう」


【窃盗の性】盗みの性質。魚屋の店先などから魚をくわえて逃げていくことをさす

【悶々】悩みもだえるさま

文彦は二人の助手を家に住み込ませた。原稿に朱を入れる。助手の二人が清書する。清書の終わったものを印刷に回す。

外出の余裕もなくなり、夜も昼も校訂の作業に明け暮れた。しかし作業は遅々として進まず刊行予定は遅れるばかり。

「大槻先生、急いでもらえませんか。予約者から督促状が続々届いてます」

見せて貰った督促状には、大きな字で「おおうそつき先生の食言海」としたためられていた。「食言」とは前に言ったことと違ったことを言うこと。言うまでもなく大槻先生の言海をもじって「おおうそつき」と遅れをなじったもの。

これを読み、睡眠時間を更に減らした大槻文彦。しかし手伝う方はたまったものではない。助手の一人中田邦行《なかたくにゆき》が脳充血で急死。中田のいない分文彦の仕事が多くなる。深夜、文彦一人の作業が続く。楽しみは妻が入れてくれるお茶だけ。お茶を飲みながら二言三言、最近生まれた子供の話を妻と話すのが、結婚の遅かった文彦にとっては何よりの楽しみ。そんな文彦に神は同情しなかったのだろうか。次々と襲いかかる不幸。

明治二十三年秋、生まれて一年たたない次女ゑみが風邪をこじらせて結核性脳膜炎を起こした。

女中が病院から走り帰り、声たて泣きながら次女の危篤を告げる。


【朱を入れる】

訂正や添削をする

【脳充血】

過労などが原因で脳の血流が増加し様々な障害をきたす症状

【脳膜炎】

頭蓋骨と脳の間の髄膜が炎症を起こした状態

筆をなげうち走りゆくも、すでに事《こと》切れている。泣く泣く屍《しかばね》を抱《いだ》きて家に帰り、床に安らえ、心を鬼にして机に向かう。原稿を見れば「ゆ」の項。「揺する」という語の注釈。文彦は説明として『源氏物語』に「ちひさき子、ゆし給ふ御手つき、いとうつくし（小さい子どもが揺すりなさる手つきは大変かわいらしい）」とあると書きそえるも、膝にすがりつく娘の姿を思い出し、原稿は涙にぬれた。

更に悪いことは続く。同じ月の末に次女の看病に疲れ、その死に打ちひしがれた妻いよが倒れた。夫の仕事の完成を見ないまま十二月二十一日帰らぬ人となった。文彦の仕事は「ろ」の項まで来ていた。「露命《ろめい》」などと言う語に出会って文彦は思わず筆を取り落とす。

「露命」ツユノイノチ。ハカナキ命。

翌二十四年一月七日。原稿校正は終わった。「つ」の項からの第四分冊が四月二十二日出版され、編纂拝命から十七年。ついに国語辞書『言海』は世に出された。

最後に登場した枢密院議長伊藤博文の祝辞も今、終わろうとしている。

「今、大槻君が十余年の辛苦によって成した『言海』を開いて見るに、日常吾らの用うる語は新字訳語は論無く、外国語・梵語《ぼんご》をも網羅し、その数四万になんなんとす。解釈、音訓ともに精確にして、索引をただし、ことごとく

【事切れる】息が絶える

【屍】死体

【拝命】命令を受けること

【梵語】古代インドの文章語。仏教語に使用

品詞名を施す。その快刀乱麻を断ち迷雲を排せる偉業は、あに余の賛辞のみに足らんや。思うに将来本邦《ほんぽう》の言葉を学ぶ者は、その恩恵を被ること小にあらざるべきなり。余はここに謹んで著者が大業を成したることを諸君とともに祝するものなり」

伊藤博文がゆっくりと座に着く。大きな拍手が起こった。誰もがすがすがしい思いであった。

謝辞を述べる文彦の声は詰まり、とぎれがちである。

あの鳥羽伏見の戦いから二十四年。日本の文化を失って欧米諸国と相対《あいたい》していくことはできない。自分の仕事が、その文化の「根」である日本語を整備した自負がある。それは玄沢を源流とする大槻家の「西洋への関心」がなさしめたものである。言わば祖父玄沢から父磐渓、そして文彦へと続いた血が結晶したものである。同時にまた先達《せんだつ》の蘭学者や戊辰戦争で新政府軍に賊軍とののしられて死んでいった会津や仙台藩の人々、さらには、はかなく亡くなった我が妻や娘の血の結晶でもある。

文彦の涙に詰まった言葉は聞き取りにくかったが、その思いは、この紅葉館の会場にいる全ての人に伝わった。

その様子を、翌日の新聞は「主客共に覚えず感涙《かんるい》を催したり」と報じた。

その後、大事業を成し遂げた文彦の心は自分を作った仙台と父祖の旧領の

【快刀乱麻を断つ】こみいったものを手際よく処理することのたとえ

【あに】どうして

【本邦】我が国

【謝辞】感謝の言葉

【先達】学問・技芸などの先輩

【賊軍】朝廷に反逆する軍

【覚えず】思わず

【感涙】感激の涙

地へと傾いていった。本籍を父祖の土地一関に移し、居を仙台に構え、宮城県尋常中学校長となって、岩手、宮城の若者の教育に力を貸した。

現在宮城県尋常中学校の後身である仙台第一高等学校の文彦作詞の校歌「身をし重んじつつましく、矩《のり》をば踰《こ》えずまもるべし」の歌詞と、一関尋常中学校の後身である一関第一高等学校の校訓となっている「遂げずばやまじ」の文彦の言葉は、まさに彼の誠実な人柄とその不屈の精神を伝えるものである。

英語を学び、西欧に目を向け、内なる日本に回帰し、日本最初の国語辞書を作り上げた大槻文彦。忘れ去られた彼の偉業を高田宏の小説『言葉の海へ』からお題を拝借いたしました一席読み終わりといたします。

【矩】
決まり

【遂げずばやまじ】
遂げなければやめない

【回帰】
ある状態に一回りして戻ること

もっと知ろう「大槻文彦」

大槻文彦の資料がまとまって見られるのは、岩手県一関市厳美町にある一関市博物館です。「文彦と言海」という展示コーナーがあり、彼の業績が一目でわかります。また彼が辞書編纂時に使用していた文机なども展示され、生前の彼を偲ぶことができます。

一関まで行ったならば、帰りに一関駅前にある大槻三賢人像を見てきましょう。蘭学者として著名な祖父玄沢、仙台の藩校養賢堂学頭をしていた父盤渓、そして文彦の像があります。なお文彦が初代校長となった宮城県尋常中学校の後身である仙台一高の校舎にも、彼の胸像があります。

文彦の辞書作りの話は高田宏氏の『言葉の海へ』（新潮社）という小説で詳しく描かれています。

（琴之介祖父使用の
明治三十七年発行の「言海」）

八、体育なんて大きらい

日本女子体育大を創設し、日本女子体育の母と呼ばれた大崎市三本木出身の二階堂トクヨの波乱万丈の半生。トクヨ二十四歳。希望を胸に初任地の石川県立高等女学校の門をくぐった。ところが任された科目は大きらいな体育。しぶしぶ指導を始めたが、次第にその面白さに目覚めていく。そうしてイギリスへ留学することとなり、そこで運動の楽しさを知る。帰国後その楽しさを伝えるべく奮闘し、ついには自分の学校を作ることを決心する。

明治三十七年四月、清流犀川《さいかわ》にほど近い石川県立高等女学校の校長室に、のちに通りすがりの馬子《まご》までが号令の声にあわせて足を止めたと言われる、よく通るソプラノの声が響いた。

「私、いやです」

「君、駄々をこねちゃいけないよ。ここに君の免許状があるが、倫理、国語、

【馬子】馬を引いて人や荷物を運ぶ馬方

地理、歴史、漢文、体育とあるじゃないか」

「それはそうですけど、私、体育なんて大きらいなんです。あんなどならなれてばかりいる教科なんて、およそこれほど下らない物は天下にありません。第一、私、女高師時代には、仮病使っていつも見学、まともに体育の授業なんて受けたことないんです」

「やれやれ、東京の女高師から優秀な卒業生が来ると聞いて喜んでいたのだが。しかし、他の教科の先生はすでにそろっているし、とりあえず、この一年だけはよろしくお願いしますよ」

ほっぺを膨らまし、「体育教師なんて絶対いや」と思うものの、当時、女子高等師範卒業生は五年間任地で教職を全うすることが義務づけられており、泣く泣くうなずくしかなかった。

このときの新米教師こそ、後に女子体育の母と言われた二階堂トクヨ二十四歳である。

生まれは一八八〇年、明治十三年十二月五日、宮城県志田郡桑折《こおり》村、現在の大崎市三本木に父保治、母キンの長女として生まれた。尋常小学校を経て、福島師範、東京にある女子高等師範（現在のお茶の水女子大学）に進むのであるが、その向学心は文学に向けられたものであり、女高師時代には、歌人の尾上紫舟《おのえさいしゅう》の授業に心酔し、自らも和歌を作り、「小紫舟《こさいしゅう》」とあだ名される

【女高師】女子高等師範学校の略

ほどであった。

　そうして始まった教員生活、週に十八時間の体育の授業。必死にこなし体はへとへと。ところが五月下旬になるとあれほど悩まされていた便秘がおさまりすこぶる快調。さわやかな六月の校庭にトクヨの美声が響くようになった。こうなってくるともともと向学心の強いトクヨ。校長先生にお願いし、夏休みに当時最先端であったスウェーデン体操の講習会に参加したものの、短時間の講習ではとても教えられそうにない。スウェーデン体操と言ってもぴんと来ない方も多いと思います。スウェーデンのリングが創始した生理学、解剖学理論を基礎にした体操で、どこの小学校の体育館にもあるなぞの器具、肋木《ろくぼく》を補助器具として用いる体操です。あの肋木にぶら下がった状態で静止したり、手でつかまって片足立ちになったりして体力増強をはかる体操です。悩んでいたとき知り合ったのが、金沢の教会の宣教師ミス・モルガン。なんと彼女はカナダの体育専門学校を卒業したという。

　トクヨは毎日彼女の元に通い、教会の庭に即席の肋木を作り、それにぶら下がったり、よじ登ったり。二百三高地髷《まげ》の袴のうら若い女性がやる奇妙な動作に、たちまち黒山の人だかり。思いこんだらまっすぐ進むトクヨは平気の平左《へいざ》。最上段で右足をかけ、空中に身を乗り出し見ている人に向かって天女のポーズ。見ていた人々拍手喝采。


【肋木】

【二百三高地髷】日露戦争後、大正時代にかけて流行したひさしが頭上高く張り出した髷

こうしてどんどん体操にのめり込んでいったトクヨは持ち前の熱心さで生徒の心をつかんでいった。

そうして二年後に開かれた石川高女の大運動会。物珍しさは評判を呼び、入場券が配られるほどであった。

「ばあさまや、大変なことになったがね。高女運動会さ、知事様も来るんやとね」

「ほーやねえ、知事様の娘はんがトクヨ先生の体操のすばらしさばうんと語ったんだがねえ。ほしたら知事様、プロの楽隊を呼ぶからとはりきっとるやとねえ」

「ほれは豪勢やねえ。冥土のみやげに娘っこたちの体操つうものを見に行くがね」

押しかけたのは近隣の人だけではなかった。北極星をかたどった校章をつけた旧制第四高生その数五十。弊衣破帽《へいいはぼう》、マントをなびかせ、「時の広野にさまよいて、命の森に嘯《うそぶ》けば、真理は遠く月細し」と寮歌をがなりながらやってくる。

うら若き娘たちの体操など滅多にみれるものではない。血潮たぎる学生たちが、入り口で押し問答。

「すみません、入場券が無い方は入れないんです」

【旧制第四高】
金沢大学の前身

【弊衣破帽】
旧制高等学校生が好んだ蛮カラな服装

【嘯く】
詩歌などを口ずさむ

「なんだと、われら天下の四高生。それを門前ばらいとは何事だ」

「いや、そうはいきません。お帰り下さい」

娘たちの体操を見せたら、興奮した若い男たち、何をしでかすか分からない。係の先生も必死。

「ようしわかった。ならば我ら強行突破あるのみ。それ、塀を乗り越えよ」と一人の男が声をかける。男たち、高下駄を脱ぎ捨て、次々塀に飛びつき校庭に入り込んだ。


急を聞きつけ、駆けつけた警察官と押し問答。来場していた知事のとりなしで、警察官も一緒に見学して貰うことで一件落着。

一方、運動会をしきるトクヨはてんてこまい。会場準備、進行、体操の号令と一人三役。知事が呼んでくれた楽隊に合わせて、全校体操。続いて校庭に備え付けた肋木を使ってのスウェーデン体操。トクヨの号令に合わせて、上段十人、下段十人の女子学生が袴姿で一糸乱れぬ決めポーズ。そして最後はカナダ人宣教師ミス・モルガンに教わった、フランスの伝統的スクエアダンス、カドリーユ。四組の男女カップルが、次々と相手を変えながら踊っていく。詰めかけたお客さんたち、目を見張った。男子学生と見えたのは詰襟学生服姿の背の高い女子生徒。トクヨは女子学生を男役と女役に振り分け、カップルダンスを踊らせたのである。この奇抜な試みに見ていた人々やんや

【スクエアダンス】

四組のカップルが組になって踊るダンス

やんやの大喝采。四高生も警察官と手をつなぎ、一緒に踊って、シャンシャンシャンシャン。

こうしてトクヨは新しい体育の指導者として各地に引っ張りだことなった。その評判は中央にまで知られるようになり、三十歳のとき、母校である東京女高師助教授に異例の大抜擢。さらには前任教授井口《いのくち》あぐりの結婚退職により、その後任として女子体育の指導者の重責を担うこととなった。

「聞いた。トクヨさんがあぐり先生の後任ですって」

「うっそー。あの人、元々体育専門じゃないじゃない」

「そうなのよ。だいたいあの人、女高師時代、体育の授業いつもさぼってたじゃない」

「ほんとほんと、そんな人に専門家づらされるなんていやよねえ」

いつの時代でもやっかむ人はいるものです。トクヨもよほど腹がたったのでしょう。現在も実家に「あのウジ虫めら」と先輩同僚をののしった手紙が残っているそうです。

そうして大正元年、西暦で言えば一九一二年。トクヨ三十二歳。上司永井道明の推薦でイギリス・キングフィールド体操専門学校（現グリニッジ大学）への留学が決まった。この留学の経験がトクヨを真の体育教師として飛躍せしめた。

さてイギリスに渡ったトクヨは驚いた。キングフイールドの校長マダム・オスターバーグは「アシスタント・プロフェッサー」の肩書きを持つトクヨの実力を知るため口頭試問を行うと言う。

「スィミングは何ができますか」

「川でばしゃばしゃ水遊びならやったことあります」

「バシャバシャとはどういう泳法ですか」

「泳法なんてものではないです。ただ水の中ではしゃいでいるだけです」

「では泳げないのでね」

「は、はい」

「ホッケーやラクロスは知ってますか」

「ラクロスは知りませんが、ほっけの塩焼きは大好きです」

「はあ？グリルドウィズソルト。何のことですか？」

「スポーツマッサージは」

「私は目あきですからあんまなどやったことないです」と、トンチンカンチンの受け答え。

　無理もないことで、当時の日本の体育の授業は、先生の号令に合わせて体をイチ、ニと動かすだけのもの。

　こんなふうに始まったトクヨの留学生活は驚きの連続であった。寄宿舎は

【ラクロス】

網のついたスティックでボールを奪い合い、得点を競う球技

【グリルドウィズソルト】
Grilled with salt

【目あき】

視力が正常な人

ホテルのようにきれいで、食事は体を作るために、おやつと夜食を入れて一日五回。日本では寝る頃におなかが減って、布団の中で隠れて煎餅《せんべい》を食べていたのとは大違い。さらに活動的に過ごすために工夫されたチェニックという制服も準備され、生活の全てがよりよく運動するために工夫されていた。このチェニックを巡って、日本に帰国してから一騒動起こすことになるとはこのとき知るよしもなかった。

トクヨはこの恵まれた環境の中で、今まで知らなかったことを全て学ぼうとした。バシャバシャだった水泳は一日三時間の猛特訓でクロール、背泳ぎ、バタフライ、水に浮かぶ月影が波に漂うごとく自由自在に泳げるようになった。またクリケットやラクロスやダンスなど、自分たちで作戦を考えたり声を掛けあい、プレーする運動は楽しく、この楽しさを帰国したら伝えていきたいと思うようになった。

一年後にはほとんどのことをマスターし、キングフィールドでは学年一位の成績を得たという。そうして一九一五年、留学から戻ってきたトクヨは早くも理想と現実の狭間《はざま》に立たされることになった。

「二階堂先生、勝手に指導してもらっては困りますよ。僕がまとめた『学校体操教授要目』に従ってもらわなきゃ」と、上司の永井道明が声をかけた。

この永井道明はNHKの大河ドラマ『いだてん』で杉本哲太が演じていた役。

名にし負う「理屈っぽい、骨っぽい、怒りっぽい」の三ぽいと呼ばれる水戸藩士の息子ですから、その指導は規律を重視した厳格なもの。体育の指導でいまだに整列や号令や姿勢が強調されるのは、彼の作成した「体育要目」が現在の指導要領のルーツとしてあるからだとも言われています。

イギリスで体育の楽しさを知って帰国したトクヨが何かとぶつかってしまうのは無理がなかった。そして二人の仲が決定的になるのが、あのチェニックをめぐって。

「二階堂君、君のクラスの生徒だけが着ているあの妙ちくりんな洋服は」

「ああ、あれですか先生、あれはチェニックと言って、イギリスの体育学校で女子生徒が着ているものです。女性の体をしめつけない、活動の自由を意識した服なんです」

「そんなものを勝手に着せちゃいけないよ。活発に運動をやるためには、ブルマーが一番」

「ブルマーですか。あれではかわいくダンス踊れませんわ。ちょうちんブルマーでは盆踊りがせいぜいです。そんなの楽しくないです」

「何を言っておるかね、体育にかわいいとか楽しいなどという言葉は必要ないんだ。体育は丈夫な心と体を作るための訓練。以後勝手なことはしないように」

【名にし負う】有名である

【指導要領】文科省が告知する教育課程

【ちょうちんブルマー】一九六〇年代まで一般的であった膨らみをもったブルマー

何と言っても相手は後に日本学校体育の父と称される永井道明。上司との対立は、東京女高師での孤立に至った。

そんなときトクヨを励ますのは、キングフィールドの校長オスターバーグが別れに際して贈ってくれた言葉。

「いつの日か、日本にこのキングフィールドにちなむ学校ができることを祈ります」

「そうだ、学校を作ろう。運動の楽しさを教える学校を。女性がのびのびとその美しさを磨けるような学校を」

そう思い立ったトクヨは早速行動を起こした。まず全国の女性体育教師に呼びかけ仲間を募り、さらに学校開設の資金を集めるために、女子生徒たちが楽しそうにダンスをしている写真をふんだんに取り入れた啓蒙雑誌を発行し、女子体育の重要性を訴え、寄附を募った。それらの行動は逆風に向かう手こぎ船のごとく、何度も何度も座礁しそうになったが、トクヨの思いの強さは、荒波を押し分け押し分け、ついに一九二二年と申しますから大正十一年、代々木山谷に日本女子体育大学の前身となります二階堂体操塾が開かれた。

時にトクヨ四十一歳。

開校してまもなく、真新しいチェニックを着た一期生四十人にトクヨは、

【代々木山谷】
現在の東京都渋谷区代々木三丁目周辺

「あなた方は大切な苗木です。日本の女子体育を、そして楽しい体育をリードする人間に育てます。今はこの塾を卒業しても何の資格もありません。しかし体操科教師になれるだけの能力を身につけることは請け負います」と宣言した。その語る頬には光るものが幾筋も流れておりました。

この塾は競技だけでなく、心理学や解剖学、救急法といったキングフィールドで行われていた最新の授業が取り入れられ、トクヨの思惑どおり、卒業生は体操教師としてひっぱりだこ。この評判を聞き、二期生は七十二人。三期生には一九二八年アムステルダムオリンピックに日本女子選手として初めて出場し、八百メートル走で銀メダルを獲得することになる人見絹枝が入塾してくるのでありますが、トクヨと彼女のお話はまたの機会といたしまして、本日は日本女子体育の母と呼ばれた二階堂トクヨの半生、『体育なんて大きらい』の一席、読み終わりといたします。

もっと知ろう「二階堂トクヨ」

十六歳で宮城県を出た二階堂トクヨの痕跡は地元には多くありません。わずかに生まれ故郷の大崎市三本木総合支所に彼女の胸像が、また生誕地に近い三本木の館山公園東側麓に彼女を顕彰する看板が設置されています。地元菓子店からは、彼女のイラストを描いたクッキーが販売されています。

彼女が創設した二階堂体育学校の後身である日本女子体育大学の付属図書館に「トクヨ資料展示室」があり、彼女の生涯をたどることができます。

二〇一九年に放映されたＮＨＫの大河ドラマ「いだてん」に二階堂トクヨが登場し、寺島しのぶがその役柄を好演していますので、再放送などありましたら注目してみてください。

（資料展示室にあるチェニック）

九、放浪者タクロン・チーバーの夢

一九六八年に東京都五日市の土蔵で見つかった五日市憲法草案。それはタクロン・チーバーこと千葉卓三郎によって起草されたもの。江戸末期、仙台領志波姫に生まれた男が、なにゆえ大日本帝国憲法に先駆け、近代的民主憲法の草案を書き上げることができたのか。そこには若き日の卓三郎の精神的放浪と五日市で出会った土地の人々の情熱があった。その二つがぶつかり合い、生まれ出た五日市憲法。憲法が何かと取りざたされている今、知ってほしいドラマがあった。

宮城県栗原市志波姫《しわひめ》に「タクロン公園」というちょっと変わった名前の公園があります。入り口には「五日市《いつかいち》憲法草案者千葉卓三郎出生之地」と大きな石碑が立っています。タクロンとは彼が自ら名乗ったペンネーム。彼の存在とその業績は長い間人々に知られていませんでした。

時は一九六八年八月二十七日、東京都西多摩郡五日市町（現あきる野市五日市）の奥まったところにある深沢地区の旧家の土蔵が、色川大吉教授に率いられた東京経済大学の学生たちによって八十年ぶりに開けられることになった。

土蔵は白壁、檜皮葺《ひわだぶ》きの屋根がかかっているが、ところどころ壁が崩れ、くずれ目からはわらや編んだ竹が顔を出している。土蔵の分厚い扉には鍵がかかっており、ああでもない、こうでもないと、持参した鍵で奮闘すること二十分。ギギギーと重い音を立て、八十年ぶりに日の光が中にさしこんだ。

舞い上がるほこりと、たったたったたったと何かが逃げ出す音。

「うわーなんだ」

「ネズミだネズミだ。それＤＤＴを撒け」

するとバサバサバサといっせいに飛び立つものがいる。

「こうもりだ、こうもりだ、アンブレラ」

「アンブレラのこうもりじゃない。空を飛ぶ蝙蝠《こうもり》だ」

お次はガサガサガサ。

「こんどはなんだ」

「蜘蛛だ、さそりだ、タランチュラだ」まるでインディ・ジョーンズの世界。

そうして一時間後、屋根裏部屋にあった木の櫃《ひつ》や柳行李《やなぎごうり》が外に運び出され

【檜皮葺き】檜や杉などの樹皮で葺いた屋根

【ＤＤＴ】殺虫剤の名

【インディ・ジョーンズ】冒険映画の主人公である考古学者の名

【櫃】蓋が開く大型の木箱

【柳行李】柳などで編んだ箱形の物入

た。学生の一人、新井勝紘《あらいかつひろ》が行李の中にあった古びた風呂敷包みを開いてみると、達筆な文字が目に飛び込んだ。

「日本帝国憲法。なあんだ大日本帝国憲法の写しか」とちょっとがっかり。何か珍しい物を期待したのだが。

しかし宿へ帰って、もう一度見てみるとおかしなことに気づいた。「日本帝国憲法」という表題の下に「陸陽《りくよう》仙台、千葉卓三郎草《そう》」とある。「草」とは「起草」すなわち原稿を作ること。いったいどういうことだ。第一、千葉卓三郎なんて聞いたことのない名前だぞ。

研究室に持ち帰り、一枚一枚破れそうな和紙をめくっていって驚いた。全部で二十四枚、全五篇、二百四条の条文。大日本帝国憲法の七章七十六条よりはるかに分量が多い。中でもすぐ気が付いたのは「国民の権利」や「司法権」についてこと細かく記されていること。

国民の権利の条目には

「日本国民は各自の権利自由を達すべし。他より妨害すべからず。且《か》つ国法これを保護すべし」とある。

まるで現在の日本国憲法第十一条「国民は、すべての基本的人権の享有を妨げられない。この憲法が国民に保障する基本的人権は、侵《おか》すことのできない永久の権利として、現在及び将来の国民に与えられる」と同じ内容ではな

【大日本帝国憲法】一八八九年に発布された日本の旧憲法

【陸陽】卓三郎の造語。旧仙台領をさす

【享有】権利・能力など無形のものを生まれながらに持っていること

いか。

また司法権については、

「国事犯の為に死刑を宣告すべからず。又その罪の事実は陪審官《ばいしんかん》これを定むべし」とある。これは政治犯には死刑を宣告してはならない。その罪の判定は裁判官ではなく、陪審員が行うべきというもの。もしこのような条目が大日本帝国憲法にあれば、「大逆事件」で死刑となった幸徳秋水《こうとくしゅうすい》や特高警察による拷問で死んだ小林多喜二《こばやしたきじ》のような悲惨な出来事はなかったはず。これはすごい。いつどんな経緯で作られたのだ。千葉卓三郎とはいったい何者なのだ。

千葉卓三郎、一八五二年、仙台藩士千葉宅之丞《たくのじょう》の妾《めかけ》の子として仙台領栗原郡白幡村《こおりしらはた》に生まれる。時代はいまだ家が一番に考えられた頃。跡継ぎがないのを心配し、妾に産ませた子供であった。ところが卓三郎が生まれる直前、父が病に倒れ危篤状態、家名断絶を恐れ、急ぎ宅之丞の先妻の連れ子を養子として千葉家の跡取りとした。そのため、そのあと生まれた卓三郎はやっかいな存在。実の母と離され、宅之丞の正妻さだに育てられることとなる。思えば生れながらにして、自分の身の置き場を探す旅が始まった。

時代は変わり明治九年、卓三郎二十四歳。郷土の先輩永沼織之丞《おりのじょう》の誘いに応じ、ここ五日市深沢地区にある勧能《かんのう》小学校の教員としてやってきた。

【国事犯】国家の政治秩序を侵害する犯罪

【陪審員】一般から選ばれ、裁判に参加する人

【大逆事件】一九一〇年に起きた明治天皇の暗殺を企てた事件。それを口実に幸徳秋水らは逮捕され死刑となった

【特高】特別警察の略。思想の取り締まりを担当

【小林多喜二】プロレタリア文学の代表的作家

「千葉先生、さあさあもう一杯飲んでくだせえ」と五日市の豪農の当主深沢名生《なおまる》が茶碗酒を勧める。

　名生の息子の権八《ごんぱち》が、

「先生は、若いがいろんな学問をしてきたと聞いておるだ。ぜひそれを教えてほしいだ。今、はやりの自由民権運動つうものに興味があるだ。おれたちも負けていらんねと思っているだ。おれたち若い力で新しい時代にふさわしい五日市を作りたいと思っとるんだ」

「いやいやいろんな学問だなんて、どれもこれも中途半端でありますが、酔った勢いで、私の履歴を語って見せっぺえ。題して『放浪者タクロン・チーバー物語』」

「ぺペンペンペンペン、仙台藩士の田舎妾の子として生まれた卓三郎、齢《よわい》十一にして、藩校養賢堂《ようけんどう》に入塾。大槻磐渓《おおつきばんけい》大先生の元、漢学、儒学、蘭学、ロシア語、西洋砲術と最先端の知識を学び、武士として名をあげる夢は未来に開いていた。しかし時代は風雲急を告げ、戊辰《ぼしん》戦争。十五、十六とおれの人生は闇の中だった。戦い、敗れ、虫けらのように官軍から逃げまどいながらも、いつかおれの夢は開くと信じていた」

「いつかおれの夢は開くというのは、ここいつかいちに来ることになるというなぞかけですか」

【養賢堂】
仙台藩の藩校

【大槻磐渓】
養賢堂学頭、当代随一の漢学者

【戊辰戦争】
戊辰の役のこと。
75ページ参照

「まだまだじゃ、五日市まではまだ遠い」と卓三郎は残っていた器《うつわ》の酒を一気に飲み干した。

「ペペンペン、ペペンペンペン、これからが聞くも涙、語るも涙。涙、涙の物語。戦に敗れ、田舎に帰った卓三郎の前には、新しい時代がやってきた。しかし敗れた奥州の者にとっては、それは理不尽な新政府の横暴。師である大槻磐渓先生は、奥羽越列藩同盟の起草文を書いた罪で獄《ごく》につながれ捕らわれの身。新たな師を求め旅が始まった。最初は医学、次は国学、その次は仏学や漢学。時間はむなしく過ぎるばかり。夢はちっとも開かないのだ」

「まだ開かんのですか」

「せかすんじゃない。もう一杯」と酒の催促。ぐっと飲み干すとまた続きが始まった。

「そんな時、私に声をかけたのが、故郷の金成《かんなり》正教会の酒井篤礼《さかいとくれい》氏だ。氏はまるで百年後の学生集会のように訴えた。『君は今、何を見ている。過ぎ行く江戸の風景か。それとも新たな明治の景色か。おれたちは仲間だ。恐れず一緒に飛び出そうではないか。キリストのもとへ』そう、私はその訴えに胸を熱くし、かつ彼の『神の下《もと》、人はみな平等だ』という言葉に目を見開かされたのだ。早速上京し、東京駿河台のハリストス正教会でロシア人神父ニコライ師から洗礼を受けた。ペトル千葉となった私は故郷に戻り、人々にハリ

【奥羽越列藩同盟】維新政府に対抗し、陸奥、出羽、越後の諸藩が結んだ同盟

ストス正教の真理を広めんとした。神棚の伊勢神宮の玉ぐしを焼き捨て、仏壇の位牌《いはい》を打ち壊し、新しい時代の新しい教えを熱く語った。村人は熱狂し、たちまち洗礼を受けるもの十数名となった。ところがところがだ、それに恐れをなした神官や僧侶は『神仏に不敬あり』と県庁に讒訴《ざんそ》したのだ」

「それで、どうんなったんですか」

「この手首を見てくれ。手錠の跡がついているだろう」

「刑務所へ入れられたんですか。高倉健のように網走刑務所の方で」

「いや地元水沢県の刑務所じゃ。おれはそこで、裁判も受けずに百日も押し込められたのだ。逃げ出さないように、鉄の鎖でつながれ、片鬢《かたびん》、片眉はそり落とされ、辱《はずかし》めを受けたのだ。おれはその時思った。どうして神はおれを救わなかったのだろうか。何があれば自分を救ってくれたのだろうかと。私は牢を出てからそれを探さねばと思った。あるときは、耶蘇教《やそきょう》排撃論者の儒学者安井息軒《やすいそっけん》の門をたたいた。またあるときは、ロシア正教会と対立するプロテスタント・メソジスト派の教会を訪ねた。九段のラテン学校でフランス語を学んだこともある。学ぶだけではない、教会に出入りする書生に漢学を教えたこともある。さらには麹町《こうじまち》で商売を手伝い、大福帳を書いていたことさえある。だがまだ見つからない。今も探し続けているのだ」

「いやあ先生、やっぱりすごいですよ。一つに凝り固まらず、いろんな思想

【玉ぐし】神前に捧げる榊の枝

【讒訴】事実を曲げて訴えること

【水沢県】明治初頭、宮城県北部と岩手県南部の地域を管轄するために設置

【鬢】頭側面の髪

【耶蘇教】キリスト教の通称

【大福帳】商家で、収入・支出を記した帳面

を学び、経験している。そういった方こそ、我々は待っていたんです。ぜひ我々の『学芸講談会』に参加してご指導いただきたい」

「講談、あの見てきたような嘘をつくというやつ、宝井バッキンなどというやからがやっているくだらんよた話ですか」

「先生、それはバッキンではなく馬琴《ばきん》です。それに我々がやっている講談は修羅場《しゅらば》塾などと違ってもっと高尚なもの」

「高尚というと、はて、どのような」

「たとえば一回目の議題はこれです」

「なになに、『ランプと行灯《あんどん》の衛生上の利害の如何《いかん》について』。何ですかこれは、どこが高尚なのですか」

「笑わんでくだせえ、村人にとってはこんなことも重要なことなんです。まず参加者、誰もが発言しやすい議題にしたいと思いまして」

「なるほど、誰でも自由に物が言えるということですね。すばらしい、是非、私も仲間に加えさせてください」

講談会の議題は回を追うごとにまさに高尚になっていった。例えば「自由を得るは知力にあるか将《はた》また腕力にあるか」「女戸主に選挙権を与ふるの利害」「贅沢品に重税を賦課《ふか》する利害」など。

卓三郎にとってそれらは不思議であった。なんでこんな田舎深いところに

【馬琴】
講談師宝井馬琴

【修羅場塾】
六代目宝井馬琴がアマチュアを対象に開いた講談稽古場

【行灯】
円形または角形の枠に紙を張り、中に油皿を置いて火をともす照明器具

【如何】
どのようであるかの意

【将また】
それともまたの意

いる人々が、そのような議題をこしらえ、熱心に語り合うのであろうか。

「権八君、どうしてこんな村で自由などという議題が出てくるんだい」

「先生、先生にもお見せしようと思っていたんですが、ご案内しましょう」

と深沢家の書庫に案内された。

入った卓三郎は驚いた。書庫にはまだ明治になって十年も立たない時期だというのに、卓三郎も宣教師から聞いて名前だけしか知らないルソーやロックやベンサムといった人々の著書や西欧の思想や憲法を解説した翻訳本が二百冊あまり並んでいる。

「これはすごい、いったいどうしてここにこんな本があるんです」

「うちの親父が、生糸を横浜に運んだ帰りに買ってくるんですよ」

「読む人があるのかい」

「結構あるんです。この三多摩地方はもともと豪農が専売権を与えられたり、税を集める権利を認められていたりと緩やかな自治権が認められていた天領だったこともあり、薩長の藩閥が牛耳る新政府に対しては反駁《はんばく》する気持ちが強いんです。そんなとき天賦《てんぷ》人権説（「人間には健康・自由に生きる権利があり、その権利はたとえ政府であっても妨げることはできない」）という考えを知り、もっと西欧の考え方を勉強しようということになったんです」

「そうだったのか、それはすばらしい、私もこの本で勉強させてくれ」

【ルソー】十八世紀フランスの哲学者

【ロック】十七世紀イギリスの哲学者

【ベンサム】十八世紀イギリスの哲学者・経済学者

【三多摩】東京都西北部、西多摩、旧北多摩、旧南多摩の総称

【反駁】反対し非難を加えること

「どうぞどうぞお好きなだけ」

そうして放浪者卓三郎は人生で初めて落ち着く場所を見つけた。職場の観能小学校では子どもたちに「のっぽのやせ先生」と慕われ、教室では作文教育に熱を入れ、自由闊達《かったつ》な学校づくりを心掛けた。一方、土地の学芸講談会は、次第に五日市の農家の主人や息子だけでなく、村長や県会議員、さらには近くの村の人々も集まり活況を呈した。初めのころは、自分の考えに固執し、相手を説き伏せようと熱弁をふるうことが多かった卓三郎であったが、たとえ反対意見でも尊重され、どんな人も対等の立場で意見を述べ合う会の雰囲気は卓三郎の考え方を変えさせ、それまでの知識や経験を見つめなおすきっかけとなった。そして何よりも夢中にさせたのは深沢家の書庫にある様々な書籍である。その中から気になる言葉を片っ端からメモしていった。「法律は一国民の便利と安全とを保存するために欠くべからざるもの（アダム・スミス）」「政治法令は人心の向かふ所を察するに在るのみ（ベーコン）」卓三郎はこういった哲学者や思想家の箴言《しんげん》を通して「法の精神」たるものを身につけていった。

一八八〇年、明治十三年、卓三郎二十八歳。充実した時を過ごしていた卓三郎のもとに、大きな知らせが飛び込んできた。

「先生、大変です、八王子の嚶鳴社《おうめいしゃ》から我が学芸講談会でも憲法草案づくり

【闊達】こだわらないこと

【呈する】ある状況を示す

【アダム・スミス】十八世紀イギリスの哲学者・経済学者

【箴言】教訓、戒めとなる短い言葉

をするようにと要請が来ました」と権八が駆け込んできた。

嚶鳴社とはこの三多摩地方の自由民権運動の中心となっている政治結社である。学芸講談会でもたびたび講演をやってもらっていた。

「何、憲法草案づくり。いよいよ来たか。この前開催された国会期成同盟の会議で国会を開設するためにも我々の手で憲法を作ろうという決議がされたというのは聞いていたが」

「我々のところでも作ることになるんですか」

「そのとおり。これはすごいことになった。それぞれ作ったものを来年十月に持ち寄り研究しようというのだ」

「私たちの勉強の成果が問われますね」

「おうそうだ。おれたちが勉強してきたのは、五日市で暮らす人々の未来を見据えたものだ。それを踏まえて、権力や財力があるものが幅を利かせるのではなく、一人一人が自由であり、権利を保障されるような憲法を作ろう」

そうして卓三郎の「夢を開く」作業が始まった。深沢家の書庫に通う回数は増え、外国の憲法を学び比較し、さらには他の地区で先駆けとして発表された憲法草案を取り寄せ、五日市の人々の生活に根ざした条文を一つずつ書き上げていった。同時に学芸講談会も一層熱を帯びた。「不治の患者が苦痛に耐えかね死を求めるときは、医者立ち合いの上、これを薬殺できると明文

【国会期成同盟】明治時代に国会開設運動で中心的な役割を果たした政治結社

化することの是非（いわゆる安楽死の是非）」の話し合いは賛否両論。意見が出尽くし賛否を取った時はすでに夜が明けかかっていた。賛成五、反対二十三。卓三郎の「たとえ安楽死させても、家族はその後苦しむことになる。どんな状況でも、人は生きる権利、生かされる権利、いわゆる人権があるのだ」という意見が反映された結果であった。この卓三郎の「人権」という言葉は、自らが獄につながれ、辱めを受けた体験から出た言葉であった。

時は刻々と過ぎ、日は一日一日と去り、冬を迎え、たちまち春は行き、新緑の季節となった。卓三郎は突然観能小学校を辞した。体調が思わしくなくなっていることもあり、憲法草案づくりに自分の命をかけようとしたのだ。

提出まで、残り四か月。

まずは国民の権利と自由だ。それに法の下での平等だ。こうして書き綴った国民の権利に関する条文は三十六に達した。これは他の草案の倍以上の数であり、現日本国憲法が「国民の権利及び義務」として四十一項目をあげているのに匹敵する。こうして身を削り、書き上げた草案は二百四項目。あとは提出を待つばかり。

しかし何とこの卓三郎の「日本帝国憲法」草案は八十年後に土蔵が開かれるまで日の目を見ることはなかった。一八八一年十月、国会期成同盟の憲法草案検討会の機先を制するように、明治政府は突如「欽定《きんてい》憲法を制定し、

【欽定憲法】君主の命令によって制定した憲法

一八九〇年に国会を開設する」ことを発表した。これは自由民権運動の広がりに恐れをなした政府が、国民の目をそらすためとった行動。そのため各地で作られた憲法草案はお蔵入りとなってしまった。そして政府は、小国ながら君主のもとヨーロッパで力をつけているプロイセン王国の憲法を模範として、大日本帝国憲法を作り上げた。その国民の権利は「天皇のもとでその法律の範囲において認められるもの」。これは天皇（つまり国家）の意向によって国民の権利をどのようにも扱うことができるものですから、現在のように「何人《なにびと》も侵すことのできない権利」として認められたものではありませんでした。

放浪の果てにたどりついた五日市で作り上げた憲法草案。その描いた夢は一九四六年「平和憲法」として具現化されるまで五十六年の年月がかかりました。卓三郎は憲法草案作成後、三十一歳の若さで結核が悪化し、帰らぬ人となりましたが、彼のなした偉業は、現在の憲法が決して他から押し付けられたものではなく、その源流が我が国民の中にあった証拠を示すものとして大きな輝きをはなっています。

自ら自由県不羈《ふき》郡浩然《こうぜん》村に住む「不平民」と名乗ったタクロン・チーバーこと千葉卓三郎。その生涯を語った『放浪者タクロン・チーバーの夢』という一席読み終わりといたします。

【プロイセン王国】ドイツ連邦の中核となった王国のこと

【不羈】束縛されないこと

【浩然】天地に恥じるところない公明正大な精神

もっと知ろう「千葉卓三郎」

千葉卓三郎の五日市憲法を刻んだ顕彰碑は、三つあります。一つは卓三郎が草案を作成したあきる野市五日市。二つ目は墓のある仙台市青葉区北山の資福寺、三つめは彼の故郷である栗原市志波姫の総合支所前です。志波姫地区には、彼の生家跡がタクロン公園となって整備されています。

卓三郎に関する本はたくさんあるのですが、千葉卓三郎研究の第一人者新井勝紘氏の岩波新書『五日市憲法』が最良です。氏は一九六八年の発見者の一人でもあり、発見の経緯が詳しく述べられています。

（志波姫にある顕彰碑）

十、政宗堪忍袋

奥州六十二万石、仙台藩の領主伊達政宗。徳川の天下になってからも外様の大大名として重きをなしておりました。
しかし、おもしろくないのは旗本連中。彼らには外様大名とは違って、何代にも渡って徳川家に仕えてきたという自負があります。そんなある日、政宗の酒席での接待をするように言われた旗本連中。不満たらたら。その様子を見た旗本の頭目大久保彦左衛門は彼らに「政宗の頭をたたいてみたら」ととんでもない提案。「おれがやる」と進み出たのが旗本の兼松又四郎。その顛末はいかに。
古典講談の中でも名作中の名作と知られた一席。

元和《げんな》九年と申しますから西暦で言えば一六二三年、征夷大将軍並びに源氏の長者の宣下《せんげ》を受けた徳川家光は、大名をことごとく江戸城に集め、
「余は生まれながらの将軍である。よって神君家康公並びに父、台徳院殿《だいとくいんでん》秀

【宣下】天皇のお言葉が下ること

忠公が行った四宿においての出迎えの礼を廃止する。不服の者があらば、国元へ帰り軍備の用意を致し、支度が整ったら沙汰をせい。余は将軍の勢いをもって征伐に向かおう。承知をいたした者には松平の称号を許すであろう」と青天の霹靂《へきれき》と申しますか、突然の大発表。

初代家康公は徳川が天下を取るにあたって協力してくれた大名に何かと気を使い、参勤交代の際には、江戸の入り口まで将軍自らお出迎えにあがっておりました。二代目秀忠公も大変温厚な方でしたから、父のやりようをそのままねしたわけですが、三代目家光は大変気性のかった方ですから、いきなしの発表。大名たちびっくりいたします。

誰も答える者がなかったとき、

「恐れながらあなた様は淳和奨学両院《じゅんなしょうがくりょういん》の別当、源氏の長者・征夷大将軍。天子《てんし》の御代官であらせられる。そのご勇気は至極当然、手前は承知をいたしました」

一同が振り返ると、出羽奥州五十四郡の藩鎮職《ばんちんしょく》、伊達政宗でございます。政宗が承知をいたしたものですから、誰も否やを唱える者はありません。鍋島も加賀も黒田も薩摩も細川も承知いたしました。一波乱も二波乱もあるのであろうと思っておりましたのが、何事もなく収まったのであります。

老中の土井大炊頭《おおいのかみ》という方が政宗のこの言葉を非常に喜びまして、「政宗

【四宿】江戸の入り口にある千住、板橋、内藤新宿、品川の四宿
【沙汰】たより・連絡
【松平】徳川の旧姓
【青天の霹靂】思いがけず起きる突発事変
【淳和奨学両院の別当】実質上の公家のトップ職
【源氏の長者】実質上の武家のトップ職
【天子】天皇
【藩鎮職】守護大名の唐風の呼び名
【大炊頭】従五位下相当の官位

があ言ってくれたから、何事もなく済んだのである。是非、一つ屋敷へお招ねきしてお取り持ちをいたしたいものだ」と招待いたしますと、快く承知なさいましたので、土井大炊頭は大変喜び、何として政宗のお取り持ちをいたそうかといろいろ心を砕きました。現代の宴席であれば美人が侍《はべ》ってお取り持ちをするわけですが、昔は公式の宴会に女は決して侍りません。そこで旗本を集め、弓馬体槍剣《きゅうばたいそうけん》、この演技をば見せて政宗を取り持ちたいと考えまして、旗本の頭目大久保彦左衛門に沙汰いたしますと、彦左衛門、早速旗本連中に檄《げき》を飛ばした。

沙汰を受けて続々集まって参った旗本連中。

「何だ、何だ、今日の急なお呼びは」

「うむ、来てみて驚いたなあ。伊達政宗の酒の取り持ちだということだ」

「残念だなあ。我々は安城山中《あんじょうやまなか》七譜代。外様大名の酒の相手とはなあ」

「けれども御老中の仰せではお受けするより仕方はあるまい。残念じゃのお」

旗本連中が顔をしかめたのも無理はない。旗本は外様大名とは大変仲が悪い。と言いますのは旗本は天下直参《じきさん》と言って、食禄《しょくろく》は少ないが、非常な見識を持っている。それは三河の安城山中時代から七代も続いて、松平徳川に御奉公しており、織田になれば織田。豊臣になれば豊臣。徳川になれば徳川とあっちへついたり、こっちへついたりする大名と一緒に扱われたのではたま

【取り持ち】客を接待すること

【檄を飛ばす】頑張るよう活気づけること

【安城山中七譜代】松平徳川氏が基礎を固めた三河の安城山中地方にいた時から、七代に渡って付き従った家臣

【直参】将軍直属の一万石以下の武士

【食禄】俸禄としての米

らないという気持ちがあるからでございます。

この様子を見た大久保彦左衛門。「そんなにいやならどうじゃ、政宗の頭をひとつぽかりとやるやつはおらんか」ととんでもない提案。

「これは御老体、いくらなんでも天下の政宗の頭を。そんな勇気のあるやつがいたなら、我々の中で一番えらいやつと尊敬することにいたそうじゃないか。のう、どうだ。誰かやるやつはおるか」

するとぱっと席を進み出たのが、兼松又四郎という二十七歳の血気にあふれた若者。

「ご一同、ただ今の言葉、お間違いあるまいな。わしがやる」

「お、又四郎やるか」と言っておりますところへ、政宗到着の沙汰を受けまして、一同玄関にお出迎えに上がりました。

乗り物から立ち出でた伊達政宗、太刀を右の手に提げ、土井大炊頭の案内を受けて、玄関から静かに上がって参ります。奥座敷へ向かう廊下で一同ずらりと並んで座り、頭を下げています。まさかいきなり出て行って殴りつける訳にはまいりません。兼松、なにかきっかけはないかと伺っていますと、政宗、右の手に提げた太刀を幾分動かし加減に歩いていおります。これ幸いとその刀のこじりのあたりに頭を持って参りますと、こじりが頭にこつんと当たった。まさかそんな所に頭があるとは思いもしませんから、政宗そのま

【こじり】刀のさやの末端

ま行き過ぎようといたしますと、さっと立ち上がった兼松は、

「政宗どの、拙者の頭をこじりで殴るとは何事でござる」とぽかぽかぽかと三つ殴りました。

思わず足を止めて、残念そうに兼松をにらみつける政宗。

土井大炊頭、驚きました。後ろでえらいことをやったやつがおると思いましたが、表向きにすれば大変なことになると思い、気がつかなかったふりをして、そのまま先に立って歩きますと、政宗もついてくる様子でございますので、胸をなでおろしまして、そのまま、もうけの席に。酒宴となりました。伊達政宗、非常に機嫌がいいので、ほっとしたのは土井大炊頭。

宴たけなわになってまいりました折に、

「そういや御老中。あの右の端から三人目に座っているのは何者でござる」

「あれは兼松又四郎と申す直参でござる」

「さようか。あの者をこれへお呼び下され」

「は、兼松又四郎、政宗殿がお召しじゃ。これへ出てらっしゃい」

頭を殴りつけたのだからどうにでもなれと覚悟をして、又四郎、政宗の前に両手をつき、

「お呼びでござるか」

「兼松又四郎と申するのはそちか。先ほど玄関先において、わしの頭を三つ

【もうけの席】前もって準備した席

ぶったのは貴様か」

「いかにもさようでござる」

「えーい、よくたたいてくれた。忝《かたじけ》ない。その返礼に政宗が舞を一差し舞いてみしょうか」

　兼松又四郎は驚いた。奥州の仙台では、頭をたたかれると踊りを踊るのかと。

「是非、拝見いたしとうございます」

「さようか、わしはのう、幼少の頃よりもっとも好んでいるのは『曽我兄弟』。曽我の舞じゃ。しばらくわしもやらんでのう、ところどころをど忘れしているところがあるかもしれん。そこでのう、ここでちょっとおさらいをしてみたいと思う。もし間違っていたら、そこは違うと教えてくれ。良いか兼松」

「心得ましたでございます」

「安元二年の神無月《かんなづき》、中の四日、奥野の狩の帰るさに、柏ヶ峠に於いて大見、八幡《やわた》の遠矢《とおや》にかかり、あえない最期を遂げた伊豆の住人河津三郎祐安《かわづさぶろうすけやす》、今わの際《きわ》に、射たるは大見と八幡、射させたるは工藤祐経《すけつね》と覚えたりと言い残した。それゆえ、日本七物語の一つに数えられた曽我物語。間違いはあるまい。どうじゃ」

「いかにもそのとおりでござります」

【『曽我兄弟』】
鎌倉時代、父の仇を討ったことで有名な兄弟の物語
【安元二年】
一一七六年
【神無月、中の四日】
旧暦十月十四日
【奥野・柏ヶ峠】
どちらも静岡県内の地名
【帰るさに】
帰るときに
【大見・八幡】
大見小藤太と八幡三郎

「そのせつ河津三郎の忘れ形見、兄の一万《いちまん》が五歳。弟箱王《はこおう》が三歳であった。のちに相模の国は曽我中村の館主《たてぬし》、曽我太郎祐信《すけのぶ》が養い親となり、兄の一万は十郎祐成《すけなり》、弟箱王は五郎時致《ときむね》となり、兄弟が五つや三つの頃より十八年の天津風《あまつかぜ》、今吹き返す時を経て、建久四年五月の末の四日のこと、富士の裾野の巻狩《まきがり》に、御敵工藤祐経の首を上げ、めでたく本懐仇討ちを遂げたのであったが。これ間違いはないか。兼松」

「いかにもそのとおりでございます」

「そのとき兄の十郎祐成は、仁田《にった》の四郎忠常のために討ち取られた。しかし、弟五郎時致は領地の裁きの折、工藤祐経に依怙偏頗《えこへんぱ》の指図立てをした頼朝をうらみ、せめて一太刀なりとも浴びせんと大太刀振りかざし、頼朝の狩屋へ乱入す。そのとき頼朝公の大廊下の片隅に薄紅梅《うすこうばい》の被衣《かづき》をかぶり震えている女あり。女・童《わらわ》には用はなしと行き過ぎようとすると、被衣をかなぐり捨て、時致やらじとむんずと組んだ男有り。おのれ、女に化けし卑怯な痴《し》れ者と前へ引き寄せ、顔を見れば、これぞ武蔵の国の住人、御所の五郎丸であった。昨夜降りしきる五月雨のため、松明《たいまつ》の明りが消え、道に迷い難渋をいたしておった際、松明を貸してくれたばかりか、御敵工藤祐経の狩屋を教えてくれた恩がある。それゆえ時致は五郎丸の縄にかかったのじゃのう。兼松」

「いかにも左様でございます」

【相模】現在の神奈川県にある地

【天津風】空を吹く風

【建久四年】一一九三年

【巻狩】四方から得物を追い込み捕らえる狩

【依怙偏波】一方に偏り不公平なこと

【被衣】女性が頭からかぶる被り物

【痴れ者】馬鹿者

「夜が明けて、頼朝公の御前へ引き出され、祐経の一子、犬房丸《いぬぼうまる》が中啓《ちゅうけい》を取って時致に近づき、よくも父を討ったる横暴者めと、ちょうちょうちょうの続け打ち。涙を流した時致は、『なんじほど幸せ者はまたとない。兄者とわしは十八年かかって昨夜ようやく父の敵を討つことができた。夕べ討たれたその仇を、夜が明けると共に討つことができるとは、貴様ほど果報者がまたとあろうか。打って恨みが晴れるなら、打てや犬房、たたけや犬房』と申したそうじゃのう、兼松」

「五郎時致は現人神《あらひとがみ》と言われた大豪傑、十一歳の小童《こわっぱ》にむざむざ打たれるほどの柔弱者ではない。しかし千尋《ちひろ》の縄が身を縛っておったゆえに、そのような小童に打たれたのじゃ。かく言う政宗も蝦夷地にかけて多くの家来がわしをがんじがらめに縛っておる。わしが短慮を起こしたならば、これらの者は路頭に迷わねばならないのだ。それゆえおのれごときにたたかれて手出し一つもできなかった。ふふふあははは。兼松、身分というものは持ちたくないものだなあ」

「はっ」

「これから一差し舞を舞おうと思うたが、長物語でだいぶ疲れたわい。舞を舞うのは止めにする。その代わりこれをその方に遣わそう。差し料にいたせ」

小さ刀《ちいさがたな》を取って、兼松に差し出します。

【中啓】扇の一種

【果報者】幸せ者

【現人神】神が人の姿になって現れたもの

【千尋】非常に長いこと

【蝦夷地】ここでは東北北部を指す

【差し料】腰に差す刀

「ははあー」一膝前《ひとひざ》へ乗り出して「かたじけのうございます」と手を出しながら、ひょいと政宗の顔を見ると、一眼ながら政宗、じろりと又四郎をにらみつけた。その眼光のものすごさに、思わず知らずぶるぶると震えた。大久保彦左衛門始めとした居並ぶ旗本連中、戦場生き残りの豪傑ばかりであったが、五尺せいぜいの政宗が一丈以上の大男に見え、怖じ気をふるって恐れたと言う。

「あの人を弁慶よりも強いとは堪忍強き人を言うなり」

お馴染み『堪忍袋』の一席読み終わりといたします。

【五尺】約百五十二センチメートル

【一丈】約三メートル

もっと知ろう「伊達政宗」

伊達政宗を知るためには仙台城址にまず行ってみましょう。現在そこには政宗の痕跡を残すものは石垣しか残っていません。しかし高台にある城址から見渡す市街地、その奥の仙台平野、さらに奥に広がる太平洋を一望すると、天下に覇を立てんとした政宗の心中を感じることができます。城址内にある青葉城資料館では、有料で専用スコープを用いたＶＲ体験ガイドを行っています。今はなき壮大な大広間の遺構などがＶＲで見ることができます。また土日には、仙台城ガイドボランティアのメンバーが常駐しており、無料で案内してくれます。

政宗に関わる遺構として見逃せないのは、どちらも国宝に指定されている仙台市青葉区にある大崎八幡宮と松島町にある伊達家菩提寺瑞巌寺です。壮麗な安土桃山建築の粋が楽しめます。

（仙台市博物館の庭にある政宗像）

コラム②

コラム②　「義士伝」について

「冬は義士、夏はお化けで飯を食い」などという川柳が詠まれているように、昔からよく演じられてきたのが「義士伝」です。

「義士伝」とは、歌舞伎などで「忠臣蔵」の名で知られる赤穂浪士のお話でございまして、講談の世界では、「義士伝」と呼んでおります。一口に「義士伝」と言っても、その内容は「本伝」「銘々伝」「外伝」の三つがございます。「本伝」というのは、浅野内匠頭の刃傷《にんじょう》から四十七士が本懐仇討ちを遂げるまでのお話。「銘々伝」は討ち入りに加わりました四十七士のそれぞれに関わるエピソード。「外伝」とは、討ち入りを陰で支えた人や吉良方の人のお話。毎日一話ずつ演じたら、三か月もかかってしまうと言われるくらい沢山の演目がございます。

その中で、現在でも多く高座にかけられる演目をご紹介しましょう。講談師がYouTubeに公開しているものも多く、自宅にて聞けるものも多くあります。

【本伝】

「松の廊下」「楠屋勢揃い」「南部坂雪の別れ」「大石東下り」など

【銘々伝】

「赤垣源蔵徳利の別れ」「安兵衛駆けつけ」「安兵衛婿入り」「神崎の詫び証文」

「大高源吾両国橋雪の別れ」「三村の薪割り」など

【外伝】

「天野屋利兵衛」「忠僕直助」など

参考文献

一、「人生の金メダル神永昭夫」

・石井正巳編『1964年の東京オリンピック ―「世紀の祭典」はいかに書かれ、語られたか―』（河出書房新社）
・河北新報編集局編『みやぎの群像』（河北新報社）
・宮城県教育委員会『みやぎの先人集「未来への懸け橋」第2集』
・毎日新聞仙台支局篇『青春のうた東北高校』（毎日新聞社仙台支局）
・河北新報記事（2014年10月18日～21日）『敗れざる人神永昭夫』

二、「谷風梶之介出世の誉れ」

・小島貞二『大相撲名力士100選』（秋田書店）
・「郷土みやぎの輝く星」刊行委員会編『郷土みやぎの輝く星 ―先人の心に学ぶ―』（学研）

三、「知られざる吉野作造」

・吉野作造記念館編『大正デモクラシーの旗手吉野作造』
・大和田雅人『憲法とみやぎ人 ―草の根デモクラシーのバトンリレー―』（河北新報出版センター）
・田中惣五郎『吉野作造 ―日本的デモクラシーの使徒―』（三一書房）
・井出武三郎『吉野作造とその時代・大正デモクラシーの政治思想断章』（日本評論社）
・「郷土みやぎの輝く星」刊行委員会編『郷土みやぎの輝く星 ―先人の心に学ぶ―』（学研）
・永澤汪恭『大正デモクラシーの旗手吉野作造の遺したもの』（男女共同参画推進せんだいフォーラム2018資料）

四、「黒光、結構、インドカリー」

・相馬黒光『黙移―明治・大正文学史回想』（法政大学出版局）

・相沢源七『相馬黒光と中村屋サロン』（宝文堂）
・朝日新聞仙台支局編『宮城人〈郷土の群像〉』（宝文堂）
・小菅桂子『カレーライスの誕生』（講談社）
・宇佐美承『新宿中村屋相馬黒光』（集英社）
・中島岳志『中村屋のボース ―インド独立運動と近代日本のアジア主義―』（白水社）
・相馬愛蔵・黒光著作集刊行委員会編『相馬愛蔵・黒光著作集2』（郷土出版社）
・新宿中村屋ホームページ

五、「鬼小十郎見参」

・紫桃正隆『仙台領戦国こぼれ話』（宝文堂）
・小西幸雄『仙台真田代々記』（宝文堂）
・小西幸雄『大崎八幡宮仙台・江戸学叢書「真田幸村と伊達家」』（大崎八幡宮）
・飯田勝彦『伊達政宗と片倉小十郎』（新人物往来社）
・永岡慶之助『片倉小十郎と伊達政宗』（学陽書房）
・飯田勝彦『名参謀片倉小十郎 ―伊達家を支えた父子鷹―』（新人物往来社）
・江宮隆之『片倉小十郎景綱 ―独眼竜の名参謀―』（学研）
・『歴史街道』２００８年９月号（ＰＨＰ出版）

六、「残った残った秀の山」

・西田耕三『第九代横綱秀ノ山雷五郎物語』（耕風社）
・小島貞二『大相撲名力士１００選』（秋田書店）
・宮城県教育委員会『みやぎの先人集「未来への懸け橋」第１集』

七、「言葉の海へ大槻文彦」

・高田宏『言葉の海へ』（新潮社）
・大和田雅人『憲法とみやぎ人 ―草の根デモクラシーのバトンリレー―』（河北新報出版センター）
・後藤斉『マルチ人間大槻文彦 ―その仙台の文化への貢献』（学都仙台コンソーシアムサテライトキャンパス公開講座資料）

八、「体育なんて大きらい」

・宮城県教育委員会『みやぎの先人集「未来への懸け橋」第1集』
・吉野作造記念館展示目録『時代をつくった女性たち～大正女性の豊かな生き方～』

九、「放浪者タクロン・チーバーの夢」

・大和田雅人『憲法とみやぎ人 ―草の根デモクラシーのバトンリレー―』（河北新報出版センター）
・「五日市憲法草案の碑」記念誌編集委員会『「五日市憲法草案の碑」建碑誌』（五日市町）
・新井勝紘『五日市憲法』（岩波書店）
・河北新報編集局編『仙台藩ものがたり』（河北新報社）
・赤坂憲雄『東北知の鉱脈 第二巻』（荒蝦夷）
・辻村みよ子『日本国憲法は「押し付けられた憲法」か？』（明治大学オフィシャルサイト）

あとがき

『講談で知る宮城の人物』、いかがだったでしょうか。「へえ、そうだったのか。知らなかった」と言ってもらえたらとても嬉しいです。一方、「なんだ、事実無根のこと書いているじゃないか」と思った方もいるかもしれません。確かに、谷風が幼少期に、牛と相撲をとったり、高校生の神永昭夫が講道館を知らなかったりするわけはありません。まえがきでも述べましたように、講談は「見てきたような嘘」が話の中に入り込みます。それはあくまでも聞き手をひきつけるための仕掛けです。このように講談は虚々実々入り乱れているのですが、「火のないところに煙は立たない」という言い回しがあるように、冗談めいた講談の中にも、実は真実の姿が見え隠れしています。

歴史や伝記にあまり興味のなかった方も、こういった講談を通して、興味を持ち、その中にある「歴史の真実」を味わってほしいと思います。最後になりましたが、今回、取り上げました講談は、ほとんどが私の創作講談でございます。師匠の宝井琴星からはまだまだ講談になってないとお叱りを受けることも多いアマチュア講談師でございますので、未熟な点も多々あったと思いますが、この本をきっかけに生の講談に接する機会を持っていただければ、これに代わる喜びはございません。私もアマチュアではございますが、一層の精進をいたしますので、お目にかかれる日を楽しみにしています。

◎宝井講談修羅場塾

昭和五十一年、六代目宝井馬琴が始めた、アマチュアを対象とした老舗の講談塾。現在、本コース、初心者コース合わせて五十名余りが所属し、年二回、東京日本橋にある「お江戸日本橋亭」で、稽古の成果を披露する発表会を行っている。

稽古は月二回、土、日に行っている。本コースの指導は塾長の宝井琴星。初心者コースの指導は宝井琴鶴が行っている。幅広い年代、幅広い職種の方が和気あいあいと切磋琢磨しながら稽古に励んでいる。

詳しくは、宝井琴鶴オフィシャルウェブサイト(takaraikinkaku.com)をご覧ください。

〈著者紹介〉

村田琴之介（むらたきんのすけ）
昭和30年、仙台市生まれ。早稲田大学第一文学部日本文学科卒業。
宮城県内の中・高の国語科教員を42年務める。
平成26年、宝井講談修羅場塾にて村田陸奥之介の名で稽古を始め、令和2年6月、名取となり、琴之介を名乗る。

〈表紙・挿絵イラスト〉

保谷伸（ほたにしん）
仙台市出身の若手漫画家。
主な作品として「キミにともだちができるまで。」（徳間書店）「まくむすび」（集英社）など。

講談で知る宮城の人物

令和 3 年 12 月 20 日　初　版

検印省略

著　　者　村田琴之介
発行者　藤原　直
発行所　株式会社金港堂出版部

仙台市青葉区一番町2-3-26
電話 022-397-7682
FAX 022-397-7683

印刷所　株式会社仙台紙工印刷

落丁本、乱丁本はお取りかえいたします。
ISBN978-4-87398-145-1